W0237414

La Promesse Cathare

Tous droits réservés
©T.D.O EDITIONS
18 Rue Alfred Sauvy
66450 POLLESTRES
www.tdo-editions.fr
email : infos@tdo-editions.fr
ISBN : 978-2-36652-012-5

Couverture : Photo-montage réalisé à partir d'un crédit photographique Fotolia © Fonzie - Fotolia.com

Gérard Raynal

La Promesse Cathare

Roman

-1-

Mon frère, l'abbé Amaury de Cesnac vint nous visiter dans la salle d'armes où nous nous étions réunis, mes capitaines et moi. Son pas lourd frappait les dalles d'un marteau régulier.

— Bienvenue l'abbé, cecy n'est pas un lieu bien recommandé pour un homme d'Église, lui dis-je sur le ton de la plaisanterie.

Sa carrure imposante aurait pu lui permettre d'embrasser le métier des armes, mais la destinée, et surtout l'ambition de notre père, le Seigneur Philippe de Cesnac, l'avaient en son temps, poussé vers la carrière religieuse. Depuis, la vie sédentaire avait posé sur son ventre et ses hanches, un lest remarquable.

— Je viens vous dire ma fierté de voir le nom des Cesnac inscrit à nouveau au firmament des sages guerriers du Christ…

— Nous serons de la croisade en effet, père

le souhaitait, et j'en fais un devoir. Le gonfalon de notre valeureuse lignée flottera une nouvelle fois sur les sentiers glorieux de la guerre sainte.

— Comme j'en suis heureux Peyre... comme j'en suis heureux !

Il savoura un instant cette félicité, ferma ses paupières charnues, respira doucement à la manière d'un nourrisson repu. Mais bientôt son visage se durcit, et sa bouche se tordit en une moue amère.

— Promets-moi que vous ferez attention, on raconte que là-bas…

Je l'arrêtai d'un geste.

— Nous en reparlerons Amaury, nous en reparlerons plus tard, mes gens et moi avons de l'ouvrage. Nous devons nous préparer, car d'ici un mois la route de ces territoires du sud que l'on prétend abandonnés de Dieu, nous prendra.

— Diantre, d'ici un mois !

Dès que sa coule fut avalée par le rectangle obscur de la poterne, nous reprîmes, mes soldats et moi, les travaux d'organisation de notre future campagne. Il nous fallait, afin d'obéir au Comte Eudes de Bourgogne notre suzerain et aux évêques, lever une troupe conséquente. Chacun des capitaines fut donc chargé de recruter cent combattants. La tâche allait s'avérer aisée, car le seul mot de « croisade » suffisait à remuer les foules. Qui plus est, nous savions que les indulgences du pape, offertes à tous les volontaires, et l'éventualité de ramener richesse et gloire, auraient raison des réticences.

À vespres, lorsque nous nous séparâmes, et juste avant de nous rendre à l'office, je passai quelques instants avec Mengarde, ma douce et tendre épouse. Il s'agissait de la rassurer un peu. Et de l'honorer bien sûr. Il faut dire que le service de guerre pour lequel le Divin Bâtisseur m'appelait, nous séparerait durablement, et sa couche, que je savais réchauffer de la meilleure manière, allait, de longues semaines durant, demeurer désespérément froide.

Toujours aussi verveux, mon cher Amaury nous délivra un prêche si enthousiaste que nous eûmes, mes hommes et moi, la gorge serrée d'émotion. Il jetait vers nous des regards appuyés, et vantait par avance les mérites de cette armée magnifique qui, au nom de Dieu, allait fondre sur le Toulousain et les territoires ennemis de l'Église. Il prétendait que Jésus lui-même serait à nos côtés, et cette perspective nous donna une force inouïe. Ses mains s'envolaient vers les voûtes, comme deux énormes papillons, puis, avant de se joindre en signe de piété, se posaient sur son ventre. En chaire, mon frère paraissait transformé. L'ombre de son corps se projetait sur les murs de la basilique et dansait au rythme de ses diatribes. Nul n'osait faire le moindre bruit, nul n'osait bouger, ni même racler sa gorge. Dans son habitacle doré, il nous dominait tous, et lorsqu'il laissait éclater son courroux contre les infidèles ou contre ceux qu'il jugeait piètres catholiques, il nous effrayait.

Après la célébration, je demeurai quelques instants dans la nef pour m'entretenir avec lui de cette guerre sainte au cours de laquelle, par mon entremise, les Cesnac allaient s'illustrer.

Dans la sacristie, il tira un siège et m'invita à partager un verre de vin de messe. Je lui demandai :

— Dis-moi frère, toi qui es homme de connaissance et de foi, que sais-tu de ces ennemis que nous allons combattre dans le Sud ?

Il huma son breuvage, en but une gorgée, et posa sur moi son regard le plus doux. Puis, d'une voix calme, il me répondit :

— Vous allez combattre les cathares.

— Les cathares, je le sais bien frère, mais qui sont-ils ?

— Des suppôts de Satan, Peyre, des mécréants, des sodomites, les pires ennemis de notre sainte Église !

Cette description me les rendit insupportables. Ces suppôts de Satan, ces ennemis de Dieu et de l'Église, j'allais les pourchasser et les occire jusqu'au dernier. Je m'interrogeais toutefois sur les raisons de la prolifération dans les terres du sud, de ces rebuts de la chrétienté.

— C'est à cause de l'incurie du clergé local, et

de la complicité des Seigneurs de là-bas…

— Sont-ils nombreux ?

— Des hordes entières Peyre, des hordes soutenues par le pays de Trencavel, le puissant comté de Foix, le Cominge, et sans doute Raymond le Toulousain qui, dit-on, n'est point franc du collier. Leurs châteaux sont infestés, et le moindre marché est une occasion rêvée pour ces hérésiarques de se réunir et de se reproduire.

J'imaginais, grâce à la description fort détaillée de l'abbé, des rencontres orgiaques organisées sur les places publiques ou dans le donjon des castels. J'entendais par avance leurs grognements lubriques. Je les honnissais. Pourtant, le seul fait d'avoir à affronter tous les puissants seigneurs que mon frère venait de nommer, me donnait des frissons. Je voulais en savoir plus :

— Et leur chef, qui est-il ?

Le regard félin du calotin se figea, sa bouche se tordit. Il lança :

— Le Malin est leur chef !

— Tudieu, que dis-tu là Amaury, le Malin est leur chef !

— Oui Peyre, si nous, nous sommes le bras de Dieu et de l'Église, eux obéissent au Bougre. C'est lui qui les guide et les inspire. Ils sont redoutables.

— Comment cela est-il possible ?

— Le Maudit s'incarne en chacun d'entre eux, il vit en eux.

J'avais désormais dans la bouche le goût putride de l'enfer. Mais pour l'heure, l'abbé en avait suffisamment dit. Au nom de Dieu, au nom du pape, au nom de l'église, au nom des Cesnac, je devais détruire jusqu'au dernier, ces maudits cathares. Et même si partir en croisade ailleurs qu'en Terre sainte me paraissait étrange, j'étais disposé à jeter dans cette bataille toute l'énergie de ma jeunesse finissante. On ne pouvait laisser s'étendre impunément le poison de l'hérésie, notre mère l'Église risquait d'en trop souffrir. Là-bas, en Palestine, nous avions eu à lutter contre des hommes, mais dans les terres du sud, c'était Satan en personne qui nous guettait.

Beau et redoutable défi pour un Cesnac !

Le combat serait rude, mais Dieu nous soutiendrait, j'en étais certain. Et puis, ne racontait-on pas que l'armée à laquelle nous allions nous joindre, faite de Frisons, de Bourguignons, de Nivernais, de Clermontois, d'Angevins, de Poitevins, de Romains, et autres redoutables guerriers venus du monde entier, allait constituer l'Ost le plus imposant que la chrétienté n'ait jamais levé ?

Avant de me donner congé, l'abbé me glissa :

— Monte voir notre père, il demande à te parler.

-2-

Le vieil homme s'appuya à un tronc de chêne. Il passa sur son visage un tissu râpeux. Le soleil du midi brûlait sa peau. Son souffle s'accourcissait. Élevé dans la sainteté cathare, fier de dispenser son savoir au gré de ses rencontres et de partager sa foi, il avait franchi allégrement les âges. Mais à l'heure où prudence aurait dû lui ordonner de se tenir coi et de finir ses jours dans le calme d'une maison de l'ordre ou auprès des siens, au bord du lac de Puivert, au pays d'Alpaïs et Bernard de Congost, il avait décidé de partir.

Car un songe le poursuivait.

À quelques centaines de mètres, un village.

Le promeneur de Dieu regarda le ciel, tomba à genoux, pria, le visage celé entre ses deux mains calleuses. Il implora le Dieu de bonté de réjouir son âme, et de lui bailler le courage de continuer sa route. Il lui demanda d'intercéder pour ces petites gens qui, une fois les croisés à leur porte, allaient souffrir mille morts. Car comme tous par icy, il savait que suite à l'assassinat du légat Pierre de Castelnou sur les Terres de Raymond de Toulouse, les évêques du nord avaient levé une gigantesque armée destinée à mettre au pas les provinces du sud. Dans le pays, on en causait souventes fois. Nul n'ignorait qu'un de ces jours, une cohorte animée d'intentions belliqueuses se présenterait aux portes de leur contrée, et que sonnerait alors l'heure du malheur. Ça, ils le savaient, ceux du Terménès, ceux du Quercorb, du Toulousain, du pays de Foix, du Minervois, du Razés, ceux des Corbières, du Carcassés, du Gévaudan, du Lauragais. Ils le savaient, ceux de Lombers, de Castres et d'Albi. Ils le savaient les Narbonnais, les Commingeois. Mais si la peur leur remuait parfois le ventre, ils se sentaient tout de même protégés. Par leurs Seigneurs d'abord, plus courageux devant l'ennemi que le sengler devant la meute. Par les murailles infranchissables de leur cité, ensuite. Et enfin par leurs amys les revêtus, fidèles à la vraie religion, qui seraient le rocher immuable derrière lequel le petit peuple se remiserait, lorsque la meschance s'annoncerait.

Ainsi, la vie pouvait continuer.

Pour notre Bonhomme et pour tous ses semblables, la mort n'était rien. Rien sinon la libération de l'âme, et son envol vers l'Empyrée, où elle entrerait en communion avec l'Esprit, afin de tout accomplir. Le bonheur éternel viendrait alors couronner cette vie de sainteté qu'il n'avait cessé de mener depuis le jour où Jésus était entré dans son cœur. Mais pour eux, paysans, enfants, commerçants et autres petites gens que Christ n'habitait pas encore, le passage sur l'autre rive représentait le plus redoutable des ennemis.

Le vieil homme pleura sur ces vies simples.

Puis il reprit sa route, le corps meurtri par toutes les lieues qu'il avait parcourues depuis son Quercorb natal.

Il se souvenait de la troublante songerie.

C'était au cours d'une nuit fiévreuse, une de ces nuits où la force l'avait abandonné. L'ange lui était apparu. Comme souvent. Il l'avait vu aussi clairement que s'il se fût agi d'un humain dressé près de sa couche. L'envoyé lui avait parlé. Et ces quelques paroles, le saint homme n'en finissait pas de se les répéter. Elles lui avaient indiqué la route. Dans son rêve, il avait vu la cité aux deux rivières, et entendu des cris.

Des cris de terreur.

Il s'était réveillé noyé de transpiration, éreinté et le cœur au galop…

Le vieilleux continua son chemin, jusqu'à la poterne. L'homme qui en gardait l'entrée, un dénommé Thibault Marchefeuil, se prosterna par trois fois devant ce « Bon Chrétien », comme on adore. Il lui adressa la phrase rituelle : *« Bénédicité, Bon Chrétien, la bénédiction de Dieu et la tienne. Prie Dieu pour nous »*.

Le Bonhomme répondit alors :

— Puisses-tu l'avoir de Dieu et de nous.

« Bénédicité, Bon Chrétien, la bénédiction de Dieu et la tienne. Prie Dieu pour nous », répéta le cerbère.

— Puisses-tu l'avoir de Dieu et de nous, redit le Bon Chrétien.

« Bénédicité, Bon Chrétien, la bénédiction de Dieu et la tienne. Prie Dieu pour nous. Bon Chrétien, prie Dieu pour le pécheur que je suis, qu'il me délivre de la malemort et me conduise à une bonne fin ».

— Dieu en soit prié, puisse Dieu faire de toi un Bon Chrétien et te conduire à bonne fin, conclut le religieux.

Icy, en ces terres de foi, les croyants ne s'adressaient pas directement à Dieu, mais confiaient à leurs prêtres le soin d'intercéder pour eux.

On accompagna le Parfait au château, où on lui offrit le gîte et le couvert, comme cela se pratiquait communément. On l'interrogea sur cette croisade que de nombreux observateurs annonçaient, sur Raymond de Toulouse, dont l'attitude ambiguë posait à tous bien des questions. Il ouvrit son cœur, rassura ses hôtes et leur offrit la protection divine.

Il mangea le pain frotté d'huile, et le pâté de poisson accompagné de noix et d'amandes amères. Il but l'eau coupée d'un vin léger venu de Carcassonne. Puis, à la demande d'Ermessinde, la maîtresse du lieu, il bénit le pain noir en l'exhaussant au-dessus de sa tête dans un chiffon blanc accroché à son cou.

Il pria encore, malgré le sommeil qui ne cessait d'accrocher à ses paupières une charge insoutenable.

Le seigneur le laissa filer bientôt, non sans lui avoir donné la « salutatio », en le prenant dans ses bras et en baisant longuement son visage.

Le castel pouvait s'endormir sans crainte, le « Revêtu » amy de Dieu veillait sur lui.

-3-

Mon père Philippe de Cesnac, Seigneur de ce Vicomté, m'apparut bien fatigué. Depuis la quatrième croisade, si désastreuse pour notre Sainte mère l'Église, il n'était plus le même. Sa vilaine blessure au thorax ne s'était jamais refermée complètement, et jour après jour, Lucille, ma mère, mon frère Thibaud et moi-même l'avons vu décliner. Aujourd'hui, ce visage émacié, ce souffle presque éteint, ces tremblements dans les mains ne laissaient rien présager de bon.

Le médecin veillait à ses côtés.

Il y avait lieu de craindre le pire.

Le regard de mon père, à l'instant même où il remarqua ma présence, je ne l'oublierai jamais. Juré ! Il contenait tout l'amour du monde. Il contenait la haine de l'impuissance. Lui qui fut un des plus vigoureux croisés de la chrétienté, ne pouvait plus rien. Il respirait avec peine, et quand il tentait de se mouvoir un tant soit peu, un rictus douloureux tordait son visage. Dans ses yeux, passait comme une rage, comme un désespoir. Il se revoyait sans doute sous les murs de Constantinople où un carreau d'arbalète tiré depuis les caponnières, s'était fiché dans sa poitrine. Par chance, la blessure ne le tua pas, mais à compter de cette heure maudite, le guerrier fabuleux qu'il était se mua en un vieillard impotent.

Sa voix hésitante m'interpella :

— Approche Peyre, approche, j'ai quelque chose à te demander.

Je me pliai en deux, afin de rapprocher mon oreille de sa bouche. Je sentis sur ma nuque, un souffle froid.

— Fils, tu vas partir, je le sais… Je suis fier de toi… ainsi, tu vengeras le nom des Cesnac… ainsi, tu réussiras ce que je n'ai pu réussir là-bas…

Ses mots filaient, accrochés les uns aux autres par des geignements de souffrance. Il continua :

— Quand tu les verras, ces hérétiques, quand tu les auras à la pointe de ton épée, ne leur fais aucun cadeau… Montre-leur ce qu'est un Cesnac… montre-leur, fils…

Il tremblait maintenant de tout son corps…

— Car ils sont nés du Mauvais Ange, fils… du Mauvais Ange, fils, du Mauvais Ange…

Les leçons de mon frère abbé avaient fait leur œuvre.

Alors, je vis sa bouche se déformer en une moue détestable sous les ressorts duquel je décryptai un pauvre sourire. Il continua :

— Peyre, promets-moi…

— Oui père…

— Promets-moi d'en bouter un dans le bûcher, quand cela se présentera, promets-le-moi… au nom des Cesnac, au nom de notre bon pape Innocent, et au nom de l'Église… promets-moi…

À le voir si fragile et implorant, je ne pouvais qu'accéder à sa demande :

— Je vous le promets, père, je vous le promets…

Il sembla heureux de ma réponse. Son visage se détendit un brin, et ses yeux se fermèrent, comme pour conserver derrière leur muraille de chair, la joie de ma promesse.

On enterra Philippe de Cesnac la veille de mon départ pour les terres du Sud. Ce fut une grande et belle cérémonie. Tout le pays y assista. Car il était estimé, mon père. Oh pour ça oui, il était estimé !…

À dater de ce jour terrible où la terre de Bourgogne l'avala tout entier, je ne pus oublier la promesse que je lui avais faite. Je l'entendais encore m'implorer :

— Promets-moi d'en bouter un dans le bûcher, quand cela se présentera, promets-le-moi… au nom des Cesnac, au nom de notre bon pape Innocent, et au nom de l'Église… promets-moi…

Et ma réponse ne cessait de résonner dans ma tête :

— Je vous le promets, père, je vous le promets…

J'avais hâte de me retrouver devant l'un de ces bûchers où à l'ordinaire on brûle sorcières et hérétiques, de saisir un cathare par le collet, et de le jeter dans le foyer en songeant à Philippe de Cesnac.

-4-

Le vieil homme se leva tout courbaturé, presque brisé.

Le soleil éclairait sa couche. Le cri d'une poule faisane en gésine lui parla de la vie extérieure. Il ne resterait pas icy, sa mission l'attendait. La ville aux deux rivières, qu'il avait vue dans son rêve, l'appelait.

Il grignota un trognon de pain qu'il avait réservé dans la poche de sa coule, et décida de partir.

On lui adressa des adieux chaleureux, et on lui demanda de faire attention à lui.

— Jésus veillera sur moi s'il me juge digne de sa protection…

Une femme qui répondait au doux prénom d'Esclarmonde pendit à son cou une outre d'eau bien claire, puisée dès potron-minet, au puits creusé au bord de la rivière. Il traversa le bourg sous les regards admiratifs des uns et, il faut bien l'avouer, sous les quolibets de certains autres que le Dieu des Cathares ne savait inspirer. Mais la plupart des gens aimaient les « Bonshommes ». Ils vénéraient leur sagesse, et admiraient l'exemple de sainteté qu'ils traînaient à leurs basques. Parfois, la main d'un enfant venait se poser sur le tissu crasseux de sa coule. Ailleurs, on l'implorait, la tête basse et le genou plié. Bientôt, au détour d'une ruelle, il s'entendit appeler : *« Frère, frère ! »*

Il se tourna vers l'homme qui s'égosillait ainsi. C'était un béjaune à l'allure chétive. *« Mon père va mourir, il voudrait qu'on l'accepte dans l'Église des purs »*... La voix était vacillante.

Le Bonhomme s'arrêta, regarda le bâchelet qui se prosternait devant lui en signe de respect et d'adoration, et, sans un mot, le suivit. Au bout d'une courte marche silencieuse, ils pénétrèrent dans une salle basse qui empestait la chair pourrie et la désolation. Là, il eut un haut-le-cœur.

« Le voicy », dit l'homme en désignant une forme couchée. Le vieux sage s'approcha, sortit de son étui de cuir pendu à sa taille, le livre du Nouveau Testament, se pencha vers le presque mort, et entreprit de le consoler. Il obtint de lui le consentement nécessaire au passage du monde obscur au monde lumineux. Peu à peu, la petite salle se remplissait de chrétiens attirés par la

présence du religieux. Dans cette assistance, le saint homme aurait pu reconnaître, Étienne Charroux, Aude Clairac de Castelnaudary, Aymon Cortignac de Saint-Papoul, Isarn Capoulet de Carcassonne. Passé quelques minutes d'un échange difficile où tirer le moindre mot du malade ressemblait à un exploit, le saint homme lança d'une voix étrangement claire : *« Par nous, par Dieu et par l'Église, que vos péchés vous soient pardonnés, nous prierons pour vous afin qu'ils le soient »*. Le mourant était sauvé !

Quel soulagement ! Au moment précis où il s'éteignit, une tourterelle perchée sur le figuier de la cour roucoula doucement puis s'envola.

— Est-ce son âme que l'oiseau emporte au paradis ? demanda Mathende Brissac, une baiselette au regard mouillé de larmes.

— Peut-être, répondit le Bon Chrétien, nul ne sait comment elle rejoindra l'Empyrée, mais une chose est certaine, elle ne tardera pas à y retrouver l'Esprit…

Le vieil homme passa la nuit dans une maison conduite par le « Bonhomme » Bertrand de Séverac. Dès matines, on lui offrit du pain et des fruits séchés au soleil de Toulouse. On l'assura d'une reconnaissance éternelle. On l'aima.

Lui aussi les aimait !

On l'accompagna jusqu'à la poterne nord qui s'ouvrait sur la route de Carcassonne. On l'embrassa.

Sa mission l'appelait... Mais la route était longue encore, et dans ce vaste pays écrasé par un soleil aussi chaud qu'une marmite au feu, marcher tenait de la gageure. Surtout pour lui qui avait franchi d'un pas alerte les échelons de l'âge.

-5-

Au fur et à mesure que nous traversions des villages, notre troupe grossissait. Bientôt, quand le Castel des Cesnac fut effacé de notre vue, lorsque les bannières des soldats qui nous rejoignaient ne nous furent plus familières, l'air de l'aventure souffla à mes narines.

Nous étions plus de mille, guerriers, évêques, moines et leur suite, petites gens, femmes légères, serviteurs, et autres enguenillés, à filer vers le Sud.

Les gonfalons des évêques ouvraient la route. Suivait l'armada des chevaliers : piétons, arbalétriers, lanciers. Puis venaient tous les autres, bruyants mais remplis d'espoir. Ah qu'il était beau le peuple de Dieu ! Ce n'était pas le tombeau du Christ que nous allions reconquérir, mais son honneur. Là-bas, dans ces provinces lointaines, sa loi était bafouée, ses églises désertées, et ses disciples moqués. Là-bas, du Biterrois au Toulousain, du Comminges au pays de Foix, notre Sainte mère l'Église subissait mille affronts, mille injures. Je ne savais pas grand-chose de ces maudits cathares, en dehors de ce que m'en avait dit l'abbé, mais j'avais juré de les trucider jusqu'au dernier.

J'étais fier de cette mission divine. J'étais fier de faire partie des élus de la papauté. C'est entre nos mains que résidait désormais la gloire du Saint-Père, et sans doute, la survie de notre religion.

Nous traversions des régions verdoyantes, nous longions des rivières pures comme des cœurs de vierges, nous nous arrêtions parfois. Là, devant les murailles gigantesques de bourgades amyes de Dieu, nous plantions notre camp, heureux de ce repos que le Seigneur nous dispensait. On nous apportait de l'eau, on nous proposait des vivres.

Chaque jour, à complies, l'évêque de Bourgogne célébrait une messe magnifique qui réunissait tous ceux qui voulaient se rapprocher de Christ. Jamais au grand jamais je n'avais vu la foi catholique si vivement s'exprimer, jamais je ne l'avais vue si inscrite au cœur des hommes. Dans tous les coins, des prières s'élevaient et des groupes pieux se formaient, animés par des moinillons affairés à dispenser la parole divine. Des autels de fortune se dressaient sous les courtines, et des célébrations réunissaient toujours un grand concours de fidèles. À genoux, des soldats s'adressaient à Dieu, afin qu'il les aidât à chasser des royaumes ennemis, la chienlit hérétique qui les avait envahis. Les valets préparaient les armes, et sous de vastes chaudrons, les flammes de la purification chantaient de joyeux alléluias.

Un jour, près du Rhône, ce fleuve impétueux que Dieu nourrissait de sa force infinie, je me plaçai au premier rang de l'office. Le prélat nous harangua en chaire. Il nous remercia d'avoir pris la croix, et lança à l'adresse de nos ennemis, une diatribe implacable qui me galvanisa. J'ai encore ses mots en mémoire : *« Peuple de gueux, peuple satanique, peuple de traîtres, sache que les soldats de Dieu sont en chemin ! Sache que demain sera ton dernier jour. Car la gloire de Dieu nous habite. »* Puis il s'adressa à nous, et nous félicita : *« Soyez fiers, soyez heureux, vous qui tenez dans votre main l'épée de justice, vous qui détenez en vous la puissance divine… »* Ces phrases bien senties hérissaient les poils de mes bras. Je me sentais investi d'une très importante mission.

La cérémonie achevée, j'attendis le religieux pour l'interroger au sujet de cette fameuse contre Église qui faisait tant de mal à notre croyance.

Dès qu'il se présenta en face de moi, je m'inclinai respectueusement, et baisai avec passion la bague qu'il me présenta. *« Puis-je vous voir un instant, Monseigneur ? »*

— Bien sûr, mon fils, bien sûr !

Il respirait avec difficulté, visiblement éreinté

par toutes ces heures passées sur les routes. Son habit vibrait doucement. Je l'interrogeai :

— Je ne sais presque rien de ces cathares que nous allons combattre, fors ce que m'en a expliqué l'abbé Cesnac, mon frère, je serais curieux d'en apprendre un peu plus…

Il s'installa près de moi, sur un banc de bois posé là, tout exprès pour lui.

— Pour eux, le Malin est le Dieu créateur de toutes choses…

— Lucifer est le Dieu créateur !

— Oui, mon fils, telle est leur croyance…

Cette information singulière me sembla terriblement imbécile. Comment donc pouvait-on croire en une telle baliverne ? Comment pouvait-on soutenir que Belzébuth était un Dieu ? Je voulais comprendre :

— Ont-ils un autre Dieu en dehors du vilain ?

Le visage poupin de l'homme d'Église se déforma en une grimace effrayante.

— Le même que le nôtre, mon fils !

Ils adoraient donc le même Dieu que nous, mais prêtaient à Satan la création du monde.

— C'est risible ne trouvez-vous pas, Monseigneur ?

— Risible en effet de croire que notre Dieu tout puissant n'est pas le maître et le père de toutes choses… Regardez…

Il pointait le doigt vers la lune qui exposait maintenant sa face blonde.

— Regardez, pensez-vous que cet astre si beau ait été fait du Bougre ?

— Impossible !

Puis il appela un béjaune aux cheveux de blé tendre, un servant d'église qui le suivait partout.

— Et un tel enfant, est-il création diabolique ?

— Que nenni Monseigneur, que nenni !

— Et toi, chevalier, es-tu fait du Boufre* ?

Je me mis à rire d'un rire si saccadé et si fort que l'évêque me crut souffrant. Je le rassurai.

Il continua :

— Pour eux, le Malin possède l'éternité au même titre que l'Éternel…

— C'est aberrant Monseigneur, d'où peuvent-ils tenir de telles balivernes ?

Il ouvrit ses deux bras comme pour m'accueillir. Son ventre ressemblait à la panse d'une truie bien nourrie, son souffle sentait la vinasse, et l'étoffe de son dais, tressée d'or, prouvait qu'il ne manquait de rien.

— Pensez-vous que Satan les inspire ? ajoutai-je.

— Je ne sais mon fils, je ne sais…

Le ton de sa voix s'était durci. C'était une invitation à le laisser en paix. C'est donc sur cette dernière question que je le quittai. Dehors, le soir pointait déjà son nez de velours noir… La campagne fleurait bon l'humide. Autour de moi, ce n'était que tapage. Des soldats enivrés

* *Terme médiéval pour désigner le Diable*

menaient grand vacarme en compagnie de gourgandines dévêtues. Un routier tenait au fil de son épée un pauvre mendigot qui avait essayé de lui dérober un quignon de pain. Des chants s'élevaient, qui écorchaient la nuit. Oh ! ce n'étaient pas des cantiques ou des hymnes destinés à honorer le Très Haut, mais des chansons de corps de garde qui offensaient le ciel.

Soudain un cri !

Dans un coin, un arbalétrier tentait de forcer une fille tout juste pubère. Nul n'intervint, et l'enfant devint femme avant l'heure. Sur mon passage, je remarquai que ce monde-là, ces guerriers, ces routiers, ces filles de peu, ces capitaines, ces ecclésiastiques même, ne se conformaient guère aux préceptes de notre Sainte Mère l'Église. L'alcool brûlait les gosiers, et les cris de jouissance saturaient le soir. Je songeai tendrement à ma douce Mengarde. Elle, elle ne ressemblait pas à ces catins qui suivaient la croisade, elle vivait dans la règle de notre religion, priait souvent, et savait à l'occasion contenter son homme. Sa foi en Dieu était remarquable, et bien des fois, je me prenais à l'admirer.

Chemin faisant, je me remémorai les paroles de l'évêque : *« Pour eux, le malin est le Dieu créateur de toutes choses… »* Cette idée, qui m'avait paru saugrenue, faisait grand chambard en moi. Car les êtres que je croisais ne ressemblaient guère à des créations divines. J'en venais même, en voyant tel chevalier allongé dans la paille de l'allée contre une femme légère, ou bien tel religieux les joues rougies par l'abus du vin de messe, à me demander si les cathares ne détenaient pas une part de vérité.

Oh ! je ne gardai pas longtemps en moi ces terribles doutes, mon esprit s'empressa de les chasser vitement, mais mon âme en ressortit tout de même blessée !

Je me mis à prier, agenouillé à même le sol de ma tente, les yeux clos, et le corps ahuri de fatigue. Je demandai pardon à Notre Seigneur tout puissant d'avoir laissé cheminer de telles idées dans mon cœur de croisé.

Non, Lucifer n'avait rien créé, non, les cathares ne détenaient aucune vérité fondamentale. Je mis longtemps à m'endormir, le tintamarre qui couvrait la nuit, me tint passablement éloigné du sommeil. Je dus même repousser une fille de joye avinée qui tenta de me séduire pour m'arracher deux ou trois misérables sols*.

Tant de choses troublantes se bousculaient en moi, que seules les premières lueurs de l'aube caressèrent mon sommeil.

* *monnaie de l'époque*

-6-

Le vieil homme posa son sac de mauvais tissu au pied d'un arbrisseau plein de vie, et mouilla son front à l'eau fraîche de la belle rivière sur laquelle flottaient des trains de troncs coupés. Son corps lui ordonnait de ne point continuer sa route, mais son cœur et surtout son âme lui commandaient le contraire. Sa longue barbe noyée de transpiration vibrait au rythme d'une respiration haletante. Il plongea ses pieds dans l'onde pure, et purifia son corps, comme lui et ses semblables avaient accoutumé de le faire par trois fois entre le lever du jour et la survenue de la nuit.

Puis il reprit sa marche avec en lui, la certitude que le rêve au cours duquel il avait aperçu la cité aux deux rivières, lui avait été envoyé par Dieu en personne. Sa mission, il fallait qu'il la mène à bien, même s'il devait pour cela épuiser ses dernières forces. Il n'en connaissait pas les détails, il n'en savait même rien, sinon qu'il devait se diriger vers les deux rivières. Là, il en était certain, le Ciel lui enverrait un signe.

Maintenant, le soir tombait, et l'ancêtre s'enquit d'une grange isolée où il pourrait passer la nuit. Loin de son Quercorb natal, il se sentait perdu. Dans ces campagnes, il ne connaissait personne. D'ailleurs, y avait-il seulement âme qui vive dans les environs ? Au cours de ses errances, si on lui offrait l'hospitalité, c'était surtout, il en était conscient, à cause de la maigreur de son corps et de sa coule déchirée qui le désignaient « Bon-Chrétien ». Ordinairement, il ne manquait de rien, mais ce jour-là, si loin de toute bourgade habitée, il devrait sans doute se contenter du firmament comme toit, des massifs bordiers en guise de couche et de modestes racines pour se sustenter. Mais il ne s'ennuierait pas, c'est sûr, Dieu l'escortait partout, et savait lui procurer de saintes occupations. Il aimait à rester seul avec l'Éternel, car il avait toujours beaucoup de choses à lui dire. Il pouvait même passer des nuits entières à prier, agenouillé sur une branche de mortbois, la chair douloureuse et l'esprit entièrement tendu par de pieuses pensées. Il demandait pardon pour les fautes des hommes, et prenait sur ses épaules le faix* insupportable des péchés de l'humanité. Il lui arrivait de passer

* *fardeau*

de longues journées à étudier les évangiles, afin d'y prélever les ferments de sagesse dont il se nourrissait. Mais aujourd'hui, égaré dans cette obscurité, il aurait préféré trouver une maison accueillante pour y passer la nuit. Bien sûr, il était déjà venu au fond de cette vallée rocailleuse, mais il n'y avait rencontré aucun des fidèles de la vraie foi. Et puis même, perdu comme il l'était, il eut été bien en peine de les retrouver. D'autant que la nuit posait déjà sur la campagne son voile charbonneux.

En d'autres temps, il aurait rejoint Quillan, la ville dont la forme sombre se profilait à moins d'une demi-lieue, mais elle appartenait à l'Église Romaine, et cela lui faisait craindre des mauvaises rencontres.

Peut-être Dieu avait-il décidé de le garder pour lui tout seul.

Il allait s'allonger dans un taillis herbu quand il entendit le roulement sourd d'un charroi sur la terre du chemin. Amy, ou ennemi ? Il tenta de se camoufler pour laisser passer l'attelage, il serait bien à temps de se signaler. Trop tard ! le forestier qui tenait les rênes l'avait aperçu juste avant qu'il n'ait eu le temps de se dissimuler dans les halliers.

-7-

C'est aux alentours d'Orange que nous rejoignîmes Arnaud Amaury, le légat du pape et son ost immense. Ah ! comme nous fûmes fiers de rencontrer ce grand homme qui dans le temps, avant que ne commence le recrutement des croisés, partagea sa charge avec le très regretté Pierre de Castelnou, lâchement assassiné sur les terres de Raymond VI. Arnaud et son armée avaient embarqué leurs lourdes affaires et leurs armes sur des barges qui descendaient le Rhône.

Notre force, unie à l'armée du légat, et à bien d'autres, venues de Germanie, du Poitou, du Limousin, de Gascogne, de Rouergue, du Saintongeais, d'Auvergne et d'ailleurs, avait de quoi impressionner. Songez plutôt : vingt mille chevaliers et leurs accompagnants, deux cent mille vilains et autres paysans, des nuées de bourgeois, de clercs, de pénitents… sans oublier hélas, des milliers de Ribauds qui voyaient dans cette guerre sainte, une occasion de piller, tuer et violer, sous la protection de l'Église. Qui pourrait résister à tant de chevaliers ? Qui pourrait résister à nos gigantesques mangonneaux ? Qui pourrait résister à nos arbalétriers innombrables ? Le vallon sur lequel nous avions jeté notre dévolu, n'était pas assez grand pour nous accueillir tous. Mes capitaines ne cachaient pas leur enthousiasme. Je reconnus dans nos rangs en plus d'Eude de Bourgogne que j'accompagnais, Hervé IV, Comte de Nevers et son sénéchal, Gaucher de Chatillon, Pierre de Courtenay Comte d'Auxerre, Guillaume de Rauches, sénéchal d'Anjou, Adhémar de Poitiers, Simon Seigneur de Montfort, Guy de Lévis, Lambert de Thury et bien d'autres, prêts à tout pour le service de Dieu.

Les évêques d'Autun, de Clermont, de Nevers, de Sens, avaient également levé des troupes.

Nous étions à la mi-juin.

Arnaud Amaury convoqua Raymond de Toulouse, afin qu'il réparât les torts qu'il avait causés à la Sainte-Eglise Catholique. Il l'invita à faire pénitence à Saint-Gilles, afin d'y être réconcilié.

Je n'y assistai pas, mais je tiens de certains de mes amys que le Seigneur fut humilié. Et c'est torse nu qu'il fut fouetté devant le peuple réuni avant qu'il ne s'engageât à rejoindre la croisade.

Ce fut pour nous une grande satisfaction de compter parmi les soldats de Dieu, le plus puissant seigneur des provinces du Sud.

Au début du mois de juillet, nous entrâmes en Languedoc. Il me tardait de combattre ces hérétiques. Et même si la peur d'affronter les fils de Belzébuth m'étreignait, je tenais par-dessus tout, à honorer feu mon père, et surtout à tenir la promesse que je lui avais faite.

Le nom de Trencavel courait dans toutes les bouches. Raymond-Roger Trencavel, ce jeune Vicomte dont on vantait partout la vaillance, serait notre premier obstacle. Il tenait Béziers, Carcassonne, Albi et le Razés. Béziers, la première cité à dresser ses défenses sur notre route, serait donc notre baptême du fer. On racontait qu'elle était imprenable. Des puits lui procuraient toute l'eau nécessaire, et ses hautes murailles semblaient capables de résister au plus puissant des ennemis. Satan était bel et bien avec eux !

On racontait dans nos rangs, que l'hérésie cathare avait infesté jusqu'aux plus fervents des catholiques, et que certains aumônieux y avaient même succombé. Le bruit courait que les habitants de la ville étaient les plus fieffés menteurs que la terre eût portés, qu'il se trouvait parmi eux un nombre incalculable de ladres, et que pas un n'échappait à la pratique de l'adultère.

Les évêques comparaient aisément Béziers à

Sodome. Lors, ce n'était pas une armée ordinaire que nous allions combattre, mais une réunion de ministres de l'enfer, de pervertis et de malfaisants. Ce n'était pas non plus une cité semblable aux autres que nous allions assiéger, mais la bourgade élue du Bougrin. Pourtant, au lieu de nous effrayer, ce danger particulier nous emplissait de courage. La foi nous soutiendrait dans cette terrible épreuve, et Jésus nous épaulerait afin de rendre à son Église la place qu'elle méritait. Pour nous, ça ne faisait aucun doute. Nous nous sentions prêts à détruire les murailles de Béziers, pierre après pierre, afin d'en extraire les patarins* qui la peuplaient.

Un de mes capitaines qui venait de s'entretenir avec Eudes de Bourgogne, nous expliqua que Trencavel, le jeune Vicomte, seigneur de ce pays, avait mis la ville en défense et l'avait désertée pour aller se mettre à l'abri derrière les murs de Carcassonne, sa capitale.

Cette information n'eut pas pour effet de me réjouir, au contraire, elle attestait que le Vicomte avait confiance en la résistance de sa tête de pont. Pendant que Béziers nous retiendrait, de longs mois sans doute, il mettrait au point à un galop d'icy, les moyens de nous combattre. Mais j'étais peut-être le seul à raisonner de la sorte, et mes doutes furent vitement balayés par l'optimisme et la foi de mes hommes.

* *Cathares*

-8-

— Hola, « Bonhomme », que fais-tu en un tel lieu, à une heure aussi tardive ?

— Je vaque à mes œuvres, fils, je vais par les chemins…

Le travailleur à l'allure débonnaire descendit de son charroi, se courba par trois fois devant le vieil homme et formula la phrase rituelle. On lui donna le répons. Il était donc croyant !

— Monte, saint homme, monte, chez moi il y aura une bonne couche pour toi et de quoi réjouir ton estomac, tu as l'air si fatigué.

— La jouissance du corps n'est nullement dans mes priorités brave homme, mon seul plaisir est de ressentir Dieu… mais il est vrai que je suis exténué, et que mes jambes usées peinent à me transporter.

— Monte alors, notre modeste maison sera honorée de compter sous son toit un disciple de la vraie foi.

Ils parlèrent peu en chemin, sinon pour s'entretenir de cette croisade qui, selon les dernières informations, s'approchait d'eux. Le religieux apprit alors que le Toulousain Raymond s'était rangé aux côtés de l'Église romaine, et qu'il s'était réconcilié avec elle.

— Et notre bon Vicomte ?

— On dit qu'il a préparé Béziers, et qu'il est rentré se mettre à l'abri entre les murailles de Carcassonne…

L'homme semblait effrayé par cette puissante armée qui s'apprêtait à assiéger Béziers et qui tantôt, nul n'en doutait, se presserait devant la capitale avant d'envahir tout le pays.

— Je crains pour vous, ministres des purs, je crains pour notre Église et pour ces braves gens qui l'aiment.

La voix hachée du forestier exprimait ses craintes, mais aussi sa colère. Elle signifiait son incompréhension devant tant d'injustice. Comme tous les habitants de ce pays, il appréciait la liberté. Les catholiques, ils les acceptaient, comme ils acceptaient les vaudois et les juifs, en grand nombre dans ces contrées. Icy, tout le monde vivait en intelligence.

La maison du charretier était modeste, mais le marcheur de Dieu la trouva formidablement accueil-lante. On lui offrit le pain, le pâté de poisson, et quelques amandes. Il remercia. Et quand on lui demanda s'il craignait de voir déferler les catholiques sur le pays, il répondit que rien ne lui faisait peur, sinon Belzébuth.

— Dieu est avec nous, lui seul sait ce qui adviendra de nous, lui seul…

L'homme dont l'épouse adhérait également aux théories dualistes, demanda à être instruit des choses de la religion. Il lui fut adressé de nombreuses recommandations, et surtout celles de ne point forniquer et de ne jamais consommer de chair animale.

— L'âme d'un frère, d'une parentèle, d'un fils ou d'un amy pourrait bien se retrouver dans ton gosier…

— Mais le poisson, frère ?

— Il naît de l'eau, et n'est donc pas le fruit d'un coït, tu peux en manger sans crainte…

Cette nuit-là, le vieil homme ne dormit pas, ou si peu, qu'au matin il se réveilla plus fatigué encore qu'à son arrivée. Le songe traversa son esprit, et il se prit à penser à nouveau à sa mission…

Si son corps le lui permettait, dès le lendemain, il reprendrait sa route pour atteindre au plus vite la citadelle aux deux rivières.

-9-

C'était vrai ce que l'on racontait au sujet de Béziers ! C'était une ville haute, ceinte de murailles que nul humain n'aurait pu franchir sans y perdre la vie. La rivière Orb, impétueuse malgré la saison, creusait à son pied un obstacle supplémentaire. Mes capitaines et bien d'autres croisés encore, se montrèrent effrayés de devoir assiéger une telle cité.

— Notre quarantaine n'y suffira pas, entendait-on icy et là…

Car nous devions quarante jours de service à notre suzerain, à la suite de quoi nous serions libres de partir ou de rester. Je redoutais que nos rangs ne se dégarnissent sous les murs de cette première forteresse, et que la sainte équipée meure de sa belle mort devant l'impossible capture. Mais j'avais confiance en Dieu. Je savais qu'il nous aiderait à conquérir Béziers.

L'évêque m'expliqua qu'Arnaud Amaury allait rencontrer les maîtres de la bourgade pour leur demander de livrer les deux cents cathares qu'elle comptait en son sein.

— Deux cents ? Seulement deux cents ?

— Oui mon fils, mais ces deux cents-là ont pourri la ville, et l'âme des autres habitants n'est guère reluisante… Vous savez, c'est comme une fièvre purulente que nul ne peut arrêter… Il faut alors couper le membre, si l'on ne veut voir le corps entier pris par la saleté et mourir.

Je comprenais.

Si les maîtres du bourg accédaient à notre demande, peut-être allais-je rencontrer un de ces suppôts de Satan. Et peut-être allais-je même tenir ma promesse…

Béziers était donc infectée, mangée en son âme par le poison funeste de l'hérésie. Il se disait tant de mauvaises choses sur cette ville et sur ses habitants, que pas une seconde je ne les plaignis. C'était, assurait-on, une cité dépravée, où régnaient le désordre et la corruption. D'ailleurs, comment l'hérésie aurait-elle pu pénétrer un lieu d'ordre et de foi catholique ? L'exubérance et le goût de la liberté des gens d'icy avait sans doute été le terreau sur lequel la putride religion avait prospéré.

À genoux, j'implorai Jésus de nous aider à nettoyer Béziers de tous ses excréments nauséabonds… De mettre à mal les aumôniers de

Satan réunis en ce lieu. Pourtant, quelque chose m'intriguait. Si l'on recensait deux cents cathares sur une population de près de dix mille âmes, les autres, les incroyants, les sans foi, les catholiques, représentaient la majorité. Alors qu'allait-on faire de tous ces gens ? Allait-on les trucider à cause de leur fréquentation assidue des « satellites du Malin » ? Ou bien allait-on accepter de les réconcilier ? Nous, les soldats, nous penchions pour la deuxième solution. Séparer le bon grain de l'ivraie nous paraissait incontournable. Le pardon, l'Église catholique l'avait toujours prêché, et nous, nous l'enseignions à nos enfants. Cependant, chez les religieux de l'ost, le discours ne s'embarrassait pas de telles subtilités. Frapper un grand coup aux portes du Languedoc leur semblait nécessaire. Ainsi, prétendaient-ils, l'exemple servirait à obtenir sans combat la reddition des autres citadelles.

Nous touchions à la fin du mois de juillet. Le vingt et un, précisément. Nous nous installâmes sur les prairies qui bordaient la rivière. Ah, il fallait la voir l'armée de Dieu, disciplinée, joyeuse, remplie de foi ! Ah, il fallait les voir ces soldats du pape, acharnés à mettre dans la préparation du siège, toute leur application ! Bien sûr il y avait les ribauds, les routiers, les paysans déguenillés, les femmes de petite vie, bien sûr il y avait cette populace abjecte qui nous accompagnait, mais un de ces jours, le sceau de Dieu la marquerait également. À l'heure du combat, j'en étais certain, ils se montreraient héroïques, et participeraient à nos côtés à la libération de la cité perdue.

Des cantiques s'élevaient qui nous donnaient du courage. Des offices religieux réunissaient prélats, clercs et chevaliers. Là-haut, juchée sur les courtines de la ville démoniaque, la population nous observait. J'entendais ses vociférations, et parfois, transporté par le vent, un juron que je ne comprenais pas, mais dont je devinais, aux gestes qui l'accompagnaient, toute l'ignominie. Des arbalétriers ennemis jetaient dans notre direction des volées de flèches. Plus par jeu que pour nous atteindre vraiment, car la distance rendait ces projectiles inopérants.

J'appris bientôt que l'évêque de Béziers, Monseigneur Renaud de Montpeyroux, rendit à Arnaud Amaury, la réponse de la population, du clergé et des bourgeois de la ville assiégée. Ils ne livreraient aucun cathare, et, contrairement au souhait du légat, ne quitteraient pas la ville. Je trouvais admirable cette décision. Elle montrait que nous allions avoir affaire à forte partie.

Le siège pouvait commencer.

Pourtant, mes amys et moi, nous nous interrogions sur les raisons qui avaient poussé les habitants à se solidariser avec les cathares, quitte à devoir affronter l'ost le plus impressionnant que la chrétienté n'ait jamais levé. L'influence de ces fameux « bons-hommes » était-elle à ce point forte ? Que pouvaient-ils offrir à ces gueux que l'Église romaine ne leur offrait pas ?

Mais tandis que les discussions entre croisés allaient bon train au sujet de la sauvegarde des catholiques présents dans la ville, ainsi que je l'avais espéré, Dieu nous vint en aide. En effet, les défenseurs, inspirés sans doute par leur orgueil, tentèrent une sortie pour nous narguer, toutes bannières déployées, criant, hurlant, comme on le fait communément pour rabattre le gibier. Mais cette forfanterie ne tarda pas à réveiller les routiers et autres malandrins qui constituaient la suite de notre divine armée. Plus de quinze mille hommes à la vérité, armés seulement de coutels et de massues, mais déterminés et avides d'action. Bien sûr, nous, croisés de Dieu, en voyant ces ribauds se déchaîner à la porte de Béziers, nous allâmes leur prêter main-forte. Comme par miracle, nous pénétrâmes dans la ville.

Ce fut alors la plus ignoble tuerie que j'ai vue de toute ma vie. Des cris horribles s'élevèrent des ruelles. Des filles forcées puis transpercées de part en part par la lame cruelle d'une épée ou d'une faux agonisaient à même la terre du sol, dans des mares d'un sang rouge comme l'enfer. Des incendies crépitaient de toutes parts. Même les enfants furent occis. Les ribauds grisés par tout ce sang qu'ils faisaient couler, se déchaînaient de plus en plus. Mais il serait faux de dire que nous, chevaliers de Dieu, n'avons pris aucune part au massacre. Nos épées, je l'avoue, poussèrent plus d'un innocent de vie à trépas.

L'Église de la Madeleine, où s'étaient rassemblés plusieurs milliers d'habitants, connut le plus terrible massacre qu'un lieu saint eût jamais à connaître. Pas un des habitants qui s'y étaient réfugiés n'en réchappa.

La Cathédrale Saint-Nazaire, mangée de flammes, se fendit en deux, et s'écroula dans un bruit insoutenable. L'odeur de mort mêlée à la puanteur de chair brûlée submergea la cité de Trencavel, et à la fin de la journée, pas une âme de Languedocien n'y survivait. Pas une âme de patarin, ni même de catholique.

-10-

Le vieil homme était exténué. Il aurait aimé qu'on le laissât un peu en paix. Depuis son départ, il avait marché tant de jours, que rien ne lui rappelait plus son Quercorb natal. Rien ne ressemblait plus à ces plaines gigantesques, ni à ces forêts majestueuses qui l'avaient vu naître. Icy, tout était abrupt, la végétation s'était faite dérisoire, et en dehors de quelques vignes ou de modestes prés à l'herbe presque rousse, il eût pu se croire en plein désert de Palestine.

Où était-il donc le lac de Puivert ? Et où étaient-elles ces plaines grasses au blé plus jaune que le soleil ? Et ces forêts si profondes et denses que la nuit y était maîtresse ? Et ces viandis sur lesquels paissaient d'opulents troupeaux ? Ils étaient loin, hélas ! Si loin !

Le religieux savait qu'il ne les reverrait plus. Il le savait !

Son corps souffrait de toutes ces lieues parcourues et le sommeil fermait ses yeux. Mais en ce Castel de Quéribus où il avait décidé de se réfugier en attendant d'en savoir plus sur l'ignoble croisade, on ne cessait de l'entretenir du malheur qui venait de s'abattre sur la contrée. Il faut dire que le massacre de Béziers n'avait pas manqué de semer la terreur dans ce pays offert à Dieu et aux vents.

Guilhem, un troubadour, lui avait raconté l'assaut des routiers, et l'horrible carnage. Il lui avait parlé des flammes qui avaient dévoré la ville, et de la terreur qui s'était déversée sur la région. *« Les fermes alentours, les bourgs, les bastides, ont été pillés, et plus d'une femme a été forcée avant de rendre l'âme »*, avait-il expliqué.

— Pourquoi Dieu si puissant permet-il de telles folies ? demanda un chevalier nommé Philippe d'Alayrac.

Le vieilleux répondit que Dieu dans sa toute-puissance savait ce qu'il faisait, et qu'il fallait avoir confiance en lui.

Une voix s'éleva : *« Mais pourquoi tous ces morts, tous ces innocents morts, frère, ces enfants et ces femmes trucidés simplement à cause de la folie catholique ? »*

— Mourir n'est rien amy, mourir conduit à la communion des deux êtres, celui qui est fait d'esprit, et celui qui habite nos âmes… croyez-le, amys mourir n'est rien…

L'assistance, composée d'une bonne trentaine de chevaliers, serviteurs et même de femmes, n'avait d'yeux que pour ce « Bon Chrétien » du Quercorb. On lui avait présenté Pons Azéma, chevalier de Mirepoix, Mafre Barbier paysan des environs, Raoul Couserans, passementier, Alar Terrat croyant de Montréal, Raymonde Montaner, de Massabrac, et Gui Bernardi, soldat de Cabaret. Il les avait bénis.

— L'ost fonce sur Carcassonne, ajouta le troubadour…

Le silence se fit.

Carcassonne ! Qui pourrait la prendre ? Tous ceux qui avaient osé l'affronter s'y étaient cassé les dents. Il paraissait prétentieux de vouloir s'y frotter.

Le vieil homme tomba à genoux et pria pour les morts de Béziers. Lui aussi y avait sans doute perdu un frère, Bon Chrétien également, qui vivait dans la ville martyre des Trencavel. Et même s'il répétait partout que mourir n'était rien, son cœur se gorgeait d'une tristesse infinie.

Entre les courtines du castel de Quéribus, le désarroi se lisait sur tous les visages. Des femmes se roulaient par terre, gisant envers, les yeux bouffis de larmes. Des hommes agenouillés dans un coin, s'arrachaient les cheveux, ou frappaient leur poitrine à grands coups rageurs, tant leur douleur était vive. Des enfants effondrés se serraient contre leur mère, la poitrine animée d'effrayants soubresauts. Les soldats eux-mêmes, pourtant habitués au malheur, ne parvenaient pas à contenir leur désespoir.

-11-

Nous quittâmes Béziers, tas de cendres immondes, le 26 juillet de l'an de grâce 1209, dès potron-minet.

Sur la route de Carcassonne, nous croisâmes des populations affolées. Notre ost béni de Dieu leur imposait crainte et respect. Moi, chevalier de Bourgogne, du haut de mon noble coursier, je les voyais s'enfuir à notre approche. Leur maison s'ouvrait à nos soldats, et pas un des villages traversés ne se rebella. Ainsi s'exprimait la puissance de Dieu ! D'ailleurs, nombre de paysans de ces parages, amys sans doute des cathares, s'étaient rendus à la vraie religion. Ils n'avaient pas hésité à renoncer à l'hérésie, et avaient promis de ne plus jamais céder aux sirènes de la contre Église.

Notre bon pape Innocent en eut été heureux.

Quel bonheur c'était pour nous de verser dans

le cornet de Dieu, ces âmes qui un temps s'en étaient échappées. Chaque conversion représentait une superbe victoire.

Nos évêques récitaient de grandes messes dans des bastides abandonnées depuis des lustres par les ministres de notre culte catholique, et ouvraient des églises qui ne servaient plus, sinon à entreposer balles de paille et autres objets profanes dégoûtants. Les catholiques convaincus, leur prêtraille en tête, venaient vers nous en processions qui nous réchauffaient l'âme. On nous acclamait.

Bien sûr nous eûmes quelques escarmouches, des affrontements dérisoires qui nous opposèrent à de modestes hobereaux que seul l'orgueil poussait à se révolter. Mais le glaive de Dieu savait les réduire à mercy.

Cette campagne ne ressemblait pas à la nôtre, elle était aussi aride que la Bourgogne était verte. J'imaginais que les âmes de ses habitants devaient lui ressembler. Et c'était sans doute pour cela que la douce foi en notre Sainte Église n'y avait pas trouvé le terreau favorable. Mais nous étions là, nous, soldats de Dieu, afin de défricher ces landes, et de les ensemencer.

Narbonne nous rendit hommage sans même que nous n'ayons à la combattre. Son évêque Béranger, les consuls de la ville et le Vicomte Aimery vinrent au-devant de nous, tous gonfalons au vent, et nous firent leur soumission. Préalablement, ils avaient pris des mesures de rétorsion à l'encontre des hérétiques. L'abbé de Cîteaux, notre chef de guerre, accepta leur inféodation, mais les rançonna durement.

Tout dans ce pays n'était donc pas perdu. Il restait encore des gens fidèles à la religion de Rome. J'en fus enchanté.

J'assistai à une cérémonie magnifique célébrée sur la place de Pépieux, un bourg quasi déserté que nous avions conquis sans même tirer le moindre carreau, et dont le Seigneur dénommé Guiraud s'était rendu à nous sans opposition. Les loups que tous avaient annoncés se muaient en agneaux dès que l'ombre d'un croisé se présentait à eux. Sans doute les habitants s'étaient-ils enfuis pour se mettre à l'abri derrière les murs de Carcassonne. Tant pis pour eux, le châtiment de Dieu saurait les rattraper. Ailleurs, nous occupâmes d'autres villages abandonnés. Les routiers pillèrent tout ce qu'ils trouvèrent, et ne laissèrent derrière eux que ruine et dévastation.

Mes capitaines et moi, nous nous installâmes dans une grange à la paille généreuse, située dans une localité déserte où nous avions décidé de passer la nuit. Décidément, cette croisade ressemblait à un voyage d'agrément ! Nous visitions un pays qui, jour après jour, nous offrait ses richesses. Rien ne nous manquait, ni les cochons bien gras attachés dans leur enclos, ni les légumes qu'il suffisait d'arracher dans les jardins attenants aux maisons.

Soudain, alors que nous allions rejoindre notre couche respective, juste après l'office de complies, on m'amena une baiselette d'à peine dix-sept printemps, à la tignasse courte.

— Elle se cachait au solier, m'informa un soldat.

La fille était d'une maigreur affolante. D'ailleurs le tissu qui lui servait d'habit, laissait entrevoir une poitrine plate, des os saillants et des cuisses d'enfant malade. Pourtant, je la trouvai attirante. Elle fixa sur moi ses deux yeux adamantins comme pour me défier. J'allais m'en régaler.

— Laissez-nous, dis-je à mes hommes.

Ils s'exécutèrent.

Je m'installai en face de la créature et entrepris de dénouer les liens qui la contraignaient. Puis je fis appeler Guillemnin, un catholique de ma suite qui comprenait la langue d'icy. Il m'aida à converser avec la prisonnière.

— Que fais-tu toute seule dans cette grange, pourquoi n'as-tu pas suivi les tiens ?

— Ce toit est le mien, et quitte à mourir, je préfère que ce soit icy.

— Es-tu cathare ?

— Je le suis…

— Et comment te prénommes-tu ?

— Ma parentèle m'a nommée Arnaude…

— Acceptes-tu de réintégrer la sainte Église catholique, Arnaude, ou préfères-tu que je te livre à Amaury, notre chef de guerre ?

Dans le regard de la fille, aucune crainte ne passa. Elle eut même un maigre sourire. Je détenais enfin un de ces Albigeois au sujet desquels on racontait tant de choses mauvaises. Mais elle détournait ses yeux de moi, comme horrifiée. Je l'interrogeai :

— As-tu si peur Arnaude, pour que tu refuses même de me regarder ?

— Ce n'est pas la peur qui m'oblige à me détourner, mais l'objet qui pend à ton cou.

D'un doigt accusateur, elle désignait le crucifix qui me suivait partout.

— Une croix, seulement une croix, un cadeau de mon frère l'abbé.

— Drôle de cadeau !

Je n'eus pas le temps de lui demander des comptes, elle se chargea de m'en donner:

— Comment peut-on pousser l'ignominie jusqu'à arborer comme une oriflamme l'instrument du martyre et du supplice ? Au lieu de vénérer la croix, il faut l'avoir en horreur.

Elle me cueillait à froid.

Mais elle n'en avait pas terminé :

— Alors pour répondre à ta question, je te dis non ! Non je ne souhaite pas trahir la vraie religion, non je ne veux pas succomber à l'erreur catholique, non tu n'obtiendras rien de moi, ni par la force, ni par la douceur, hormis mon pardon. Fais de moi ce que tu désires, dans tous les cas, la volonté du Créateur sera exaucée…

— La volonté du Créateur ? Peux-tu croire qu'Il s'intéresse à un suppôt du diable.

Elle me jeta un regard d'effroi.

— Un suppôt du Diable ! D'où tiens-tu une idée aussi stupide chevalier ? Sache que le Diantre*, nous l'avons en horreur, sache que notre seul but est de l'anéantir…

Je ne comprenais plus rien. Jusqu'ici, j'avais entretenu la certitude que Belzébuth était le chef de ces hordes de cathares, et là, j'apprenais par la bouche même d'une des adeptes de la religion maudite, qu'il en allait tout autrement. Mais peut-être était-ce une ruse. Car le Malin est roué !

— Ainsi, le Bougre est votre ennemi ?

— Pour sûr, notre ennemi mortel, nous luttons à chaque instant pour que son règne disparaisse à jamais…

Il y avait donc, au dire de la damoiselle, entre ces hérétiques et nous, un identique combat. Je cherchai à en savoir plus :

— Mais alors, si nous vénérons le même Père et luttons de concert contre le Maudit, qu'est-ce qui nous sépare ? Pourquoi notre Sainte Église tient-elle à vous arraisonner ?

La voix douce et calme de la fille me désarçonna :

* *Diable*

— Votre Église n'est pas sainte, chevalier, elle a sur les mains le sang de milliers d'innocents. Maintenant tu veux savoir vraiment ce qui nous sépare ? Et bien je vais te le dire… tout nous sépare… regarde tes évêques, tes moines et tes clercs… regarde les luttes pour le pouvoir au sein de votre Église…

Elle me laissa le temps de la réflexion, puis ajouta :

— Toute personne qui prétend demeurer dans le Christ doit se conduire comme lui-même se conduisit.

Mais elle ne comptait pas en rester là :

— Et maintenant, regarde nos religieux à nous, regarde leur corps et leurs yeux, écoute leurs paroles… Moi-même, j'étais catholique dans le temps… J'en ai honte aujourd'hui…

Je me souvins alors de mon aumônier de frère, rond comme une barrique, de nos évêques opulents et matérialistes. Je songeai à ces monastères si riches que leurs possessions dépassaient parfois les limites du pays. Elle n'avait pas tort Arnaude ! Mais il fallait qu'elle expie pour tant d'arrogance. C'était une fort belle fille, et comme mon corps réclamait sa part de jouissance, je décidai de la faire mienne.

— Tu es fort attrayante Arnaude, bien qu'un peu chétive, tu partageras ma couche, lui dis-je.

— Plutôt mourir !

Sa réponse me flagella. Ainsi, elle préférait

mourir que de se coucher contre moi.

— Ne suis-je point à ton goût ?

— Nul homme n'est à mon goût, fors Jésus... La chair est vile, seul l'esprit...

Je ne savais pas pourquoi, mais cette enfant m'émouvait. Son regard fait de deux braises vives m'en imposait. Je la coupai :

— N'en dis pas plus... Je ne sais pas si tu te rends compte de tes propos, mais tu en as assez raconté pour mériter les flammes... Pourtant, je ne désire pas te voir mourir, trop de cadavres jonchent notre route depuis Béziers. Quant à moi, je me contenterai, si mon corps l'exige, de la première gourgandine venue...

Elle demeura rigide au milieu de la grange, le regard traversé d'éclairs indéchiffrables. Elle avait eu raison de moi. Malgré la puissance de mon épée, malgré la force de ma foi, je venais d'enregistrer ma première défaite. Je lui posai une ultime question :

— Arnaude, es-tu parfaite ?

— Que nenni chevalier, je ne le suis, mais un jour, si Dieu le veut, j'accéderai à la vêture... ainsi le chemin sera complet, et à mon tour je pourrai gagner des âmes à notre sainte cause...

Le sommeil tarda à venir cette nuit-là. Je ne cessai de penser à l'hérétique, à ses paroles : *« Plutôt mourir... »* Et sans cesse son visage venait s'inscrire dans ma tête. Je ne savais rien d'elle ou presque, je n'avais vu de son corps que quelques parcelles amaigries, néanmoins elle m'obsédait. J'aurais pu l'envoyer quérir à nouveau dans son grenier pour m'amuser d'elle, mais je n'en fis rien.

Elle m'avait terriblement ébranlé.

Autour de nous la nuit faisait son œuvre. Les foyers crépitaient sous de vastes chaudrons, des soldats ivres chantaient à tue-tête des chansons qui n'avaient rien de cantiques, des filles criaient de plaisir. Sur les courtines, le pas des soldats rythmait les minutes.

Il fallait que je dorme…

Le lendemain, nous devions rejoindre Carcassonne…

-12-

Le patriarche soufflait. Roide sur ce plat de terre sèche qui prolongeait le donjon de Quéribus, il observait la campagne. Ses lèvres étiques laissaient filer une litanie que le vent emportait par-dessus les Corbières, jusqu'au Seigneur tout puissant, sans doute.

Le castel pendu à sa gangue de rochers constituait un havre accueillant aux âmes perdues. Le vieux sage s'y était arrêté pour se requinquer un peu avant de repartir. Car la cité aux deux rivières était encore bien loin.

Xabert de Barbaira, le maître du lieu, lui avait rendu visite en personne. Il avait même prié à ses côtés. Ce Seigneur, qu'il avait rencontré à maintes reprises, à Carcassonne, à Lastour, ou à Fanjeaux, l'impressionnait. Sa haute stature, son accent aussi rocailleux que les pentes où s'accrochait sa forteresse, sa voix puissante, en faisaient un personnage hors du commun. Mais ce que le vieil homme appréciait le plus chez ce puissant soldat, c'était surtout son sens de la justice. Quant à sa réputation de bravoure, elle n'était pas à faire, plus d'un ennemi aurait pu en témoigner. Il éprouvait, racontait-on, de la sympathie pour l'Église cathare, et ouvrait son nid d'aigle à tous les religieux qui désiraient s'y réfugier.

Ici, au sommet de ces escarpements, le saint homme du Quercorb se sentait bien. Rien ne pouvait l'atteindre, ni le Malin ni les chevaliers à la croix.

Il s'allongea sur la pierre d'un parapet, et ferma les yeux, respirant à pleins poumons cet air si pur qui venait des coteaux. La vie du Castel lui parvenait par bribes. Des pas sur la calade, un cri venu des courtines. Une prière cathare. La hurlée de chiens errants.

Il songea à Carcassonne.

Dans le temps, avec son père, ils s'y étaient rendus pour négocier les tissus que sa mère brodait. Il l'avait aimée cette ville. Il savait que ses frères « Bons chrétiens » y exerçaient leur sacerdoce en toute sérénité. Il se souvenait de toutes les ruelles, de la Cathédrale Saint-Nazaire désertée et transformée en grange à bestiaux, du bourg. C'était là-bas qu'il avait entendu pour la première fois le prêche d'un « Parfait ». Il avait encore en mémoire le pater que le religieux avait dédié à la foule : *« Notre Père qui es aux Cieux, que ton nom soit sanctifié, que ton royaume advienne, que ta volonté soit faite sur la terre comme au Ciel. Donne-nous aujourd'hui notre pain supersubstantiel, efface nos dettes comme nous-mêmes effaçons celles de nos débiteurs, et ne nous induis pas en tentation, mais délivre-nous du Mal. Car à toi est le royaume, la puissance et la gloire pour les siècles »*. Cette prière l'avait saisi. Parmi la foule des passionnés qui écoutaient le saint homme, il y avait un certain Peyre Marty, un dénommé Authié, l'aîné des Pons, une châtelaine prénommée Guiraude, et quantité d'autres villageois. Tous s'étaient inclinés par trois fois devant le « Bon-Chrétien ».

Le jeune homme avait appris plus tard, que ces fameux « cathares » ne mangeaient pas de viande ni de graisse animale, pas plus d'œufs ou de lait, qu'ils effectuaient trois carêmes par an, ne mentaient jamais, ne touchaient nullement aux femmes, ne tuaient ni homme ni animal, et qu'ils avaient le pouvoir de sauver les âmes. Le père lui avait confié à cette occasion que son cœur aussi vibrait pour les Bonshommes.

Devenu vieux, il savait désormais pourquoi les fidèles de l'Église Cathare acceptaient cette vie de privations et de sainteté.

Il le savait désormais…

-13-

À notre arrivée devant la capitale du jeune Vicomte Trencavel, nous, les plus importants seigneurs croisés, fîmes le tour de la ville afin d'embrasser la situation. Les points d'eau principaux étaient à l'extérieur des murailles, et il nous sembla que du côté nord, le bourg représentait le point faible d'un ensemble pourtant impressionnant. Bien sûr soldats et population s'étaient pressés sur les courtines afin de nous voir passer et de nous vilainer copieusement. Comme à Béziers, plus d'un essaya de nous atteindre d'une flèche, mais nous étions trop éloignés.

Durant notre installation, je ne pus m'empêcher de songer à la promesse faite à mon cher père sur son lit de mort. Il me tardait d'ailleurs de m'en acquitter. À ce sujet, je regrettai d'une certaine manière de ne pas avoir livré Arnaude, la future parfaite, même si par ailleurs, j'en éprouvais une singulière satisfaction. Mais aurais-je eu le courage de la pousser dans les flammes ?

Carcassonne était forte et belle. Une maîtresse que l'on aurait aimé posséder. On racontait que le jeune Vicomte y avait rassemblé une armée gigantesque de Seigneurs et de chevaliers prêts à tout pour la défendre. Mais mes gens et moi avions confiance en le Divin Bâtisseur. Il nous avait aidés sous les murs de Béziers, pourquoi ne nous aiderait-il pas icy ? Il nous guiderait, et de son doigt paternel désignerait le point faible de la grande cité. Et même si, selon le dire des évêques, le Démon présidait aux intérêts de la ville, notre combat l'en délogerait. Pour sûr !

Nous installâmes notre camp au nord de la grande cité, du côté du bourg. Mangonneaux et pierrières s'élevaient peu à peu. Le dimanche, lendemain de notre arrivée, nous ne tentâmes rien. La grande chevauchée qui nous avait emmenés de Béziers à Carcassonne, une bonne dizaine de lieues, avait épuisé les organismes, et une belle journée de repos ne serait point superflue.

Carcassonne se dorait au soleil, un soleil incisif, brûlant comme l'enfer, et qui pesait pis qu'un fardeau sur nos épaules moulues. Au donjon de la ville flottait l'étendard fascé d'or et d'argent des Trencavel. Le cricri des cigales lançait dans la chaleur torride de cette journée d'été étrangement calme, sa litanie monotone. C'est le lundi que l'attaque commença.

Dès l'aube, ordre fut donné aux ribauds de remplir de fagots les fossés du bourg. Bizarrement, Trencavel avait partiellement dégarni cette partie de la citadelle, de sorte qu'il nous fut aisé de la prendre. Mais n'était-ce pas un piège ? En effet, cette enclave se trouvait en contrebas des remparts, de sorte qu'il était facile aux défenseurs de nous tirer dessus. Les combats ne durèrent guère plus de deux heures, et au final, après que le bourg eût entièrement brûlé, nous nous trouvâmes au pied de la grande muraille. Nombre d'entre nous avaient, hélas ! rendu l'âme.

Rien n'était fait pourtant.

Toutefois, à cette première victoire s'en ajouta une autre non négligeable, puisque après cette prise facile, nous exécutâmes un mouvement tournant qui nous mena à l'ouest, sur la rive de l'Aude, là où précisément se trouvaient les points d'eau. Les défenseurs ne tentèrent même pas de nous en déloger. C'était leur perte ! Je savais que Carcassonne comptait des réserves importantes, mais par une telle sécheresse, elles risquaient de fondre comme péchés au confessionnal. Nul n'ignorait, et Trencavel moins que quiconque, que rapidement l'eau viendrait à leur manquer. Alors pourquoi n'était-il pas intervenu ?

Nous l'apprîmes tantôt. En effet, on ne tarda pas à nous annoncer l'arrivée imminente de Pierre II roy d'Aragon et d'une petite armée.

L'apparition sous les murs de Carcassonne du suzerain de la ville jeta le trouble dans notre camp. Nous le savions catholique convaincu, mais nous ignorions dans quel sens sa parenté avec Raymond-Roger Trencavel, et surtout ses obligations féodales allaient peser. Du comportement de ce puissant monarque, dépendrait sans doute le sort de la croisade. D'autant que la fin de la quarantaine allait prochainement dégarnir les rangs de l'ost divin.

Fort heureusement, le roy d'Aragon était venu en émissaire de paix. Il fut accueilli par l'abbé de Cîteaux. Auprès de ce formidable homme d'Église, il plaida, non sans talent, la cause de Carcassonne. Puis il entra dans la cité. Pour nous autres croisés, il ne faisait aucun doute que le grand Roy se montrerait ferme envers son vassal, et l'obligerait à livrer les hérétiques, selon le souhait d'Arnaud Amaury et des chefs de guerre.

Plus tard, Pierre II fut reçu par le jeune Trencavel qui lui décrivit par le menu, ce que l'armée catholique avait fait de Béziers. Hélas pour les assiégés, le souverain lança à l'adresse de son protégé des nuées de reproches. D'ailleurs quelques années auparavant, lors d'une conférence contradictoire, ne lui avait-il pas demandé de chasser les cathares de ses terres et de ne jamais plus les accueillir ? On ne l'avait pas écouté.

Désormais, pour sauver Carcassonne, il ne

restait plus que la médiation. Raymond-Roger, le jeune Vicomte accepta l'entremise du Roy.

Passé vespres, l'Aragonais se dirigea vers le camp de Raymond le Toulousain installé sur le coteau de Pech Mary, au large du Castellar, où le légat le rejoignit. Mais les exigences de ce dernier attristèrent au plus haut point le royal émissaire.

Averti des exigences des croisés, Trencavel ne céda pas. Il faut dire qu'on lui demandait tout bonnement de se rendre en cédant Carcassonne et ses habitants aux caprices des croisés. Le jeune Vicomte décida donc de se battre jusqu'au bout.

Ainsi, dès que Pierre II eut quitté les lieux, les combats reprirent de plus belle. Notre objectif prioritaire était le Castellar, une sorte de deuxième faubourg construit au sud de la ville.

Nos premières attaques furent vaines, et si nous eûmes tout loisir d'investir les fossés, les tirs s'intensifiaient tant, qu'il nous fallut immédiatement faire marche arrière. C'est là que les mangonneaux et autres pierrières entrèrent en action. Installées sur un coteau en face de la cité et sur la rive gauche du Pech-Mary, les machines de guerre commencèrent à déverser sur Carcassonne des bâtées de cailloux.

Le haut du mur peu à peu s'effrita.

Hélas pour les assiégés, nous disposions en outre, de chattes, sortes de machines permettant aux sapeurs de s'approcher en toute sécurité de la muraille, et d'en rogner les fondements. Et malgré le feu nourri des défenseurs et les quantités de pierraille qu'ils jetèrent sur les nôtres, une galerie fut creusée au pied de Carcassonne. Une galerie qu'il suffisait de faire effondrer, en enflammant les étais.

Je vis avec grand bonheur la muraille s'écrouler et nos soldats s'engouffrer par vagues dans le Castellar. Las, la contre-attaque fut à la hauteur du courage de nos ennemis, et un grand nombre de nos soldats y perdirent la vie. Mais au bout du compte, nous le conquîmes ce fameux Castellar !

Ainsi, la cité des Trencavel se retrouva enserrée par l'étau puissant de nos armées. Il ne restait qu'à patienter. Sans réserve d'eau, sans secours possible, la ville allait, j'en étais certain, nous ouvrir les bras.

Tandis qu'à l'intérieur la famine et les maladies commençaient à faire des dégâts, dans notre camp une certaine routine s'installa. Nous faisions ramasser des branches afin de colmater les fossés, et les ingénieurs continuaient à faire fabriquer d'immenses machines de guerre. De leur côté, moines vicaires et évêques parcouraient le camp afin de galvaniser les troupes et de rappeler à chacun que nous étions là par la seule volonté de l'Être Suprême.

Peu de temps après, Trencavel décida de parlementer. On l'accueillit dans le pavillon du Comte de Nevers. Il n'en ressortit pas libre. Nous avions gagné. Le Vicomte était désormais notre prisonnier et la ville nous appartenait. Quant à la population, dans notre grande générosité, nous l'avons chassée avec pour seuls biens les braies misérables qui couvraient leur peau infâme.

Nous avions gagné. Au prix d'une ignoble trahison, mais nous avions gagné !

Dieu l'avait emporté !

-14-

Au moment même où le vieil homme avait décidé de reprendre sa route, Bérengère, une vieille femme l'interpella : *« Frère, frère chrétien, mon mari se meurt, peux-tu le consoler, afin qu'il fasse une bonne mort ? »* Il entrait dans les attributions des disciples de la vraie foi, d'aider les mourants à quitter la vie terrestre, afin que leur âme, enfin dégagée des contraintes de leur prison de chair, puisse rejoindre l'esprit, dans l'Empyrée.

— Pour sûr je le consolerai, répondit le sage, mais seulement si ton époux a pratiqué l'endura.

— Il jeûne depuis plus de deux jours père, et me semble prêt à recevoir Dieu.

La femme savait se montrer ferme dans l'idée de faire admettre son homme dans la communauté des purs.

— Est-il conscient et décidé à recevoir le sacrement ?

— Lorsque je l'ai quitté, il l'était, mais il faut faire vite, car son état empire, et la sale infection de sa gorge ne cesse de s'amplifier.

C'est donc d'un pas alerte que le « revêtu » suivit Bérengère dans une salle basse où régnait la putride odeur de la chair finissante.

Le malade avait perdu sa raison, et aucune des paroles du « parfait » ne semblait le faire réagir. Il lançait par bribes des injures et des mots incompréhensibles.

— Son esprit s'en est allé, dit le vieux sage.

— Il ne sera donc pas reçu ?

— Je crains qu'il ne me soit pas possible de le consoler sans son acceptation entière, nous attendrons qu'il recouvre un peu de sa connaissance.

La dame insista bien un peu, mais elle savait par avance que le religieux n'accéderait pas à son souhait. Car elle n'ignorait pas que le « consolamentum » ne s'adressait qu'aux vivants qui le demandaient.

— Attendons, lâcha-t-elle sans espoir.

Ils entamèrent une nuit de prières. Le vieil homme, agenouillé près du mourant, recommanda cette pauvre âme aux puissances divines. Une grappe de fugitifs que le massacre de Béziers avait jetés sur les routes se pressait maintenant autour de la couche mortelle. Parmi eux, Guillemette Autier, Jacques Azéma, Renaud

Béringuer et la famille Carbonel du Faget. Tous priaient, animés d'une visible componction. Ils furent rejoints par quelques chevaliers du fort qui adhéraient eux aussi à la foi cathare. Ainsi, Guillaume Enjalbert du Mas, Richard Delga, Étienne Fabre de Villemur, Durand de Huesca et bien d'autres, vinrent ajouter leur conviction aux prières déjà si belles de cette pieuse assemblée.

Le malade cessa de vivre à l'approche du jour.

— Il reviendra, dit le vieil homme.

— Certes, mais seul le Divin Père sait sous quelle forme, soupira l'épouse…

— Peut-être dans le corps d'un autre homme, ou alors incarné en bête… C'est pour cela femme, que je te recommande de ne plus manger de chair animale, fors le poisson qui, chacun le sait, est le fruit de l'eau…

— Je me conforme déjà à la Sainte règle, bon père, j'ai bonne foi en notre Dieu, j'ai bonne foi en sa pitié et je le vénère…

— C'est bien, Bérengère, c'est bien... Surtout, n'abandonne jamais la voie qui mène à l'Être, ne l'abandonne pas malgré les ennemis de notre religion, malgré la terreur qui ne manquera pas de régner sous le joug romain.

— Jamais je ne renoncerai…

Passé un court moment de repos, le missionnaire reprit sa route, non sans avoir accepté au préalable quelques cadeaux, du pain, des noix, un pâté de poisson et un roseau empli d'huile d'olive.

On l'attendait ailleurs, dans une cité baignée par deux belles rivières.

On l'attendait.

-15-

Simon de Monfort, le plus valeureux d'entre nous, fut nommé nouveau chef de guerre. Il est vrai que sa remarquable vaillance au cours du siège de Carcassonne, le désignait d'office. Pourtant, ce ne fut point sans mal, puisque nul parmi les barons et les seigneurs présents n'avait voulu accepter la charge proposée par l'abbé de Cîteaux. La tâche paraissait trop rude à quelques-uns, les obligations en leur domaine rappelaient quelques autres. Les considérations juridiques pesèrent également dans le refus de certains. Eude de Bourgogne, mon maître, refusa, lui aussi de conduire la croisade. D'ailleurs, il n'allait pas tarder, sa quarantaine achevée, à rentrer chez lui. Seul Simon, Seigneur de Montfort pressé de toutes parts, accepta.

Désormais, ce vétéran des guerres de Palestine, ce lion à la tignasse luxuriante et au regard si pénétrant qu'il vous aurait foudroyé à cent pas, ce héros amical, ce puits de foi et de bravoure, allait présider aux destinées de notre divine équipée.

Moi et mes capitaines, qui n'avions pas laissé non plus notre part aux chiens, nous eûmes l'insigne honneur d'être pressentis pour garder la geôle du jeune Vicomte Trencavel, prisonnier depuis des jours dans un réduit situé dans les profondeurs de la tour comtale. Ainsi, par la grâce de Dieu, j'allais approcher un de ces fameux amys du Bougre. Peut-être même allais-je pouvoir lui arracher quelque secret d'importance. Mais avant cela, je fis le tour de la belle cité ; et malgré la puanteur qui régnait dans les ruelles, je la trouvai magnifique. L'église Saint-Cernin, inutilisée depuis des années sans doute, fut rouverte au culte, et une messe grandiose y fut célébrée.

Dieu comme elle était étrange cette capitale vidée de tous ses habitants ! Dieu comme elle était étrange ! Nous en étions les maîtres, mais quelque chose d'indéfinissable flottait dans l'air. Malgré les cris de joye des soldats, malgré les cantiques catholiques qui s'élevaient de tous les coins, malgré le drapeau croisé qui flottait au donjon, je ressentais une drôle d'impression. Les cathares étaient encore là ! Non qu'ils eussent passé outre l'ordre de quitter la cité, il n'en restait aucun, mais leur esprit demeurait. Je les entendais respirer, j'écoutais leurs prières, je les devinais.

Cette foi qui les poussait à ne pas craindre la mort vivait encore sous ces porches vides, sur ces places désormais envahies de routiers malodorants et vulgaires, dans ces caves où sans doute plus d'une célébration dualiste les avait réunis. Je ne les aimais pas les cathares, n'étaient-ils pas les ennemis du Créateur ? Cependant, j'avais en moi une sorte de tendresse qui me poussait à les prendre en pitié. J'imaginais leur désarroi d'avoir été défaits de façon si expéditive. J'étais certain qu'ils devaient gronder leur Dieu de les avoir abandonnés.

Je fus envahi d'une terrible tristesse.

Je songeais également au jeune Vicomte enfermé non loin d'icy. Que devait-il penser de cette si facile victoire catholique entâchée de trahison ? Il me tardait de le rencontrer. J'avais quantité de questions à lui poser. Je voulais le confondre, lui faire reconnaître ses préférences, et lui faire avouer que Belzébuth marchait à ses côtés.

*

Je descendis dans cette pièce basse où l'on tenait le jeune Seigneur prisonnier. L'odeur d'humide poissait tout. Il faisait frais malgré la chaleur extérieure. Une morne obscurité y régnait, morcelée icy ou là par de modestes torches plantées dans la muraille. Mes pas résonnaient. Mon cœur battait très fort. Qu'allais-je découvrir derrière ces barreaux ?

Désormais, le Vicomte Raymond-Roger Trencavel était à ma mercy. Désormais, puisqu'il avait été placé par Montfort sous ma surveillance et ma protection, je pouvais en faire ce que bon me semblait.

Je ne l'avais jamais vu, ce seigneur téméraire qui avait osé défier l'armée de Dieu, non, je ne l'avais jamais vu. J'imaginais un géant à la face balafrée, et au regard cruel. J'imaginais une sorte de monstre sous les traits duquel sommeillait Belzébuth.

La porte poussa un grand cri rouillé. Le prisonnier ne se leva pas, ni ne broncha à mon arrivée. Peut-être dormait-il ! Je l'interpellai :

— Seigneur Trencavel, seigneur Trencavel !

Il secoua sa tête, afin de me gendarmer de l'avoir réveillé de la sorte. Je me présentai :

— Je suis Peyre Cesnac, seigneur de Bourgogne, et j'ai la charge d'assurer votre garde.

Il se tourna vers moi et se releva. Dès que je le vis, si jeune, presque un enfançon, j'en demeurai ébahi. Il n'avait rien d'un soldat sanguinaire. Pas plus d'ailleurs d'un sodomite ou d'un suppôt de satan. Son regard franc et dénué de haine me toisa d'une étrange façon.

— Je suis ravi de connaître mon cerbère, me dit-il, mais j'aurais préféré que vous veniez m'annoncer ma libération…

Sa voix était calme. En d'autres temps et en un autre lieu, j'en aurais fait un amy, pour sûr !

— Je n'ai rien à vous annoncer de tel, mais des questions à vous poser, oh pour ça oui, j'en ai !

Il soupira longuement, comme pour me signifier que les gens de Simon l'avaient déjà interrogé. Je commençai tout de même :

— Monsieur le Vicomte, en êtes-vous ?

Il comprit tout de suite que je faisais allusion à la religion dualiste.

— Je n'en suis guère chevalier, mais toute ma vie, de mon premier souffle à aujourd'hui, j'ai bénéficié des grâces et du savoir d'un précepteur cathare, messire Bertrand de Saissac. Un saint homme !

Sa première réponse me désarçonna. Ainsi donc, le fameux Trencavel, la tête pensante de l'armée diabolique n'en était même pas. Que me cachait-il ? Quel autre mensonge allait-il encore me servir ?

— Quelle religion embrassez-vous donc ?

— La vôtre messire, la vôtre, la catholique… Mais à l'inverse de vous, je la pratique dans le respect des hommes et dans l'amour fraternel…

Je n'y comprenais vraiment rien. J'insistai :

— Mais alors, pourquoi vous êtes-vous battu contre l'armée du pape ?

— Pour protéger mes sujets…

— Pour protéger les ennemis de l'Église

romaine ! glissai-je sournoisement.

Il fixa sur moi un œil brillant.

— Je désirais seulement éviter à mes compagnons le sort des habitants de Béziers…

Il marqua une pause, sa gorge se serra et il fut envahi d'une visible émotion. L'instant suivant, d'un mouvement rotatif de la tête, il m'indiqua qu'il cherchait quelque chose. Je compris. *« Tenez ! »* dis-je en lui tendant une gourde remplie d'eau, je suppose que vous avez grand soif…

Il acquiesça.

Il hésita à porter le récipient à sa bouche, me regarda d'un air implorant, et me le rendit. Je bus d'abord pour lui prouver que l'eau ne contenait nul poison destiné à l'occire. Lors, il se désaltéra goulûment à son tour et me remercia. Rassasié. Il reprit :

— Je reconnais à tous, le droit de pratiquer la religion qu'il désire…

Contre lui, je possédais maintenant un argument décisif :

— Dites-moi donc, jeune Vicomte, puisque vous prétendez reconnaître à tous le droit de pratiquer la religion qu'il désire, pourquoi avez-vous toléré que l'on transforme votre cathédrale en bergerie ?

Il m'étonna :

— Par icy voyez-vous, la religion cathare emportait tout ou presque, alors vous l'avouerez, pour si peu de pratiquants, un tel lieu de culte était disproportionné… Et puis, croyez-vous, messire Cesnac qu'il faille des bâtiments si vastes pour y rencontrer l'Éternel ?… Vous noterez que dans ma ville, pas plus qu'à Béziers, aucune église, aucun sanctuaire n'était réservé aux cathares.

Tout ce que me disait Raymond-Roger me troublait au plus haut point. J'avais imaginé trouver sur ma route un ennemi acharné de l'Église, animé par de sales croyances et stimulé par le Malin lui-même, mais au lieu de cela, voilà que j'affrontais un jeune seigneur catholique, libéral et plein de respect pour ses prochains. Où était-il donc, le guerrier impitoyable que l'on m'avait annoncé ? Où était-il donc ?

Je voulais en savoir plus :

— Ces cathares, vous les aimez ?

— Je les aime !

— Et pourquoi donc ?

— Ce sont des esprits sains, des sages dont l'exemple de pauvreté, de continence, de jeûne, force le respect.

— Mais leur croyance, leur collusion avec Belzébuth…

Il me coupa :

— Leur collusion avec Belzébuth ! Mais que dites-vous là ? De qui tenez-vous pareille ineptie ?

Il criait presque, et dans sa voix passait, c'était

visible, un vent de colère. Puis il se radoucit :

— Satan est leur pire ennemi, ils l'abhorrent, le chassent, et espèrent l'anéantir par la continence…

— Par la continence ?

— Bien sûr, ils prétendent que chaque naissance offre au Démon l'occasion de s'incarner. Si les hommes ne copulaient plus, il ne trouverait plus de réceptacle pour se perpétrer, et ce serait la victoire du bien sur le mal.

Il ajouta :

— Enfin, telle est leur théorie…

Voulait-il se démarquer de ses protégés ? Maintenant que je le connaissais mieux, je ne le soupçonnais plus de mensonges. Je le croyais sincère. Ce bâchelet, si posé et sûr de son fait, m'émouvait. Jamais dans son regard ne perla la moindre peur, jamais dans son attitude le moindre défi. Il n'ignorait pas que sa vie dépendait de nous, soldats de Dieu, et savait se montrer humble. Parfois, j'avais envie de le colleter avec douceur, et de poser sur son front un baiser fraternel. Il m'impressionnait de plus en plus, et, à cause de cela, aucune des questions importantes sur la religion de la contre Église ne me venait. Pourtant, j'aurais aimé comprendre comment faisaient leurs officiants pour vivre ainsi dans la pauvreté et la continence. L'odeur des femmes, la douceur de leur peau, leur bouche écrasée sur des lèvres avides, les grognements de plaisir, tout cela ne leur manquait-il pas ? Et comment faisaient-ils pour se priver ainsi de consommer la chair animale ?

— Vicomte, dites-moi donc, si leurs églises ne sont point à Carcassonne, où sont-elles donc ? Je n'en ai point rencontrées.

— Ils n'en ont pas… ils ne possèdent ni église ni maison, ni terres, ni fortune, ainsi va leur vie…

Le jeune Vicomte posait sur moi un regard paisible et las. Il bomba soudain le torse et m'asséna :

— Pourquoi faites-vous cela, chevalier, pourquoi tuez-vous au nom de la religion ?

Je lui répondis que nous faisions cela pour ramener au Ciel les âmes perdues, pour ne point abandonner au Maudit Tentateur cette partie de terre.

— De quel droit, chevalier ! de quel droit ?

— Par ordre du pape Innocent et de l'Église romaine, les tenants de la vraie foi…

Je savais bien que ma réponse ne le satisferait guère, n'était-elle pas une manière d'esquiver la question ? Au fond de moi, je n'avais plus aucune certitude. Certes, ma foi était intacte, certes, la promesse faite à mon père sur son lit de mort vivait encore en moi, mais rien ne m'autorisait plus à légitimer les crimes dont, au nom de Dieu, nous nous étions rendus coupables. J'avais croisé tant de pauvres gueux, j'avais assisté à tant de massacres inutiles et plongé mon épée dans tant de ventres innocents, que j'en venais à me laisser envahir par la honte. Ce n'était pas de moi-même que j'avais honte d'ailleurs, mais de ceux qui nous avaient lancés sur les chemins du Sud, de ceux qui avaient rallié derrière l'étendard de la foi catholique tous ces truands, ces violeurs, ces routiers malfaisants, cette prêtraille corrompue, ces chevaliers cupides. J'avais honte pour mon frère l'abbé Cesnac qui m'avait menti au sujet de ces cathares. J'avais honte pour Raymond le Toulousain qui n'hésitait pas à revêtir l'habit frappé de la croix en face de son propre peuple. J'avais honte pour nos chefs…

Je ne pouvais plus rien demander à Raymond-Roger, ce n'était plus moi l'accusateur, mais lui.

Avant mon départ, il me lança :

— Croyez-vous qu'en brûlant les corps comme à Béziers, vous gagnerez les âmes ?

Je pris congé de mon prisonnier, et après avoir donné les consignes à mes hommes de le traiter bien, je rejoignis le prie-Dieu de ma chambre. Cette nuit-là, mes prières furent plus sincères, plus vertueuses, plus implorantes. Cette nuit-là, je crois que le doute planta un coin dans la carcasse de ma foi.

-16-

Le vieil homme n'en pouvait plus d'avancer sur ces layons empoussiérés. Il avait beau scruter l'horizon, rien dans le paysage, aussi loin qu'il pouvait voir, n'annonçait le pays de la cité aux deux rivières. La route était fort longue encore. Bientôt, il apercevrait les tours de Carcassonne, et son cœur se serrerait. Il aurait mal à l'âme en se rappelant les histoires qui couraient au sujet de la ville abandonnée par Dieu et ses habitants. Il prierait de toute la force de son âme afin de demander au Seigneur tout puissant de venir en aide aux siens. Ce petit peuple qu'il croisait désormais, portait en lui la marque de l'abattement, et parfois même du renoncement. Il l'aimait de plus en plus. Mais si certains se pressaient à son approche pour lui parler un peu et surtout pour acquêter une belle prière de sa part, d'autres, peu nombreux heureusement, le fuyaient. Rarement on l'avait évité de la sorte. Mais il pardonnait, car il savait que la peur leur travaillait l'esprit.

Par chance, il lui arrivait parfois, au gré d'une bourgade ou d'un hameau perdu, de rencontrer des fidèles avides de connaissance. Ce fut le cas du côté de Saint Papoul, où son arrivée fut dignement fêtée. On le reçut de fort belle manière, avec moult génuflexions et invocations. On le fit asseoir autour d'une table bien garnie de pain blanc, de poissons, de fruits secs et de vin du pays. Les hôtes avaient réuni sous leur toit, toute une communauté dévouée à la cause cathare, convaincue que son heure viendrait bientôt de triompher. Il y avait là Lambert Siguier venu du Toulousain, Bernarde Seille de Carcassonne, Pons Pardo, des croyants aragonais, Raoul et Armande Mortier, fidèles de Fanjeaux, et toute une société locale. Des voix s'élevèrent pour vilipender vertement les catholiques et leur croisade ignoble. Des femmes s'arrachaient les cheveux afin de crier leur désolation. La foule, qui maintenant était nombreuse, semblait désemparée. Soudain, un certain Hugues Maurin, laboureur de son état, tenta de soulever l'assemblée en prétendant que seule la vengeance aurait un quelconque effet sur les envahisseurs. Il nomma plusieurs catholiques attestés qu'il soupçonnait de collusion avec l'ennemi, et assura qu'il fallait leur faire expier par le feu, les morts de Béziers. Mais le Parfait éteignit vitement l'incendie :

— Ne faites pas cela frères, notre Dieu ne nous le demande pas… ce n'est pas en répliquant par la violence que nous aurons gain de cause… ce qui nous arrive est voulu du ciel, c'est une épreuve, une terrible épreuve placée sur notre route par la seule volonté de l'Être suprême. Lui seul saura nous guider…

Alors, Hugues Maurin sortit sans un mot.

Ce soir-là, alors qu'il venait de célébrer la consolation d'un mourant auprès duquel on l'avait introduit, un jeune homme au regard enténébré de tristesse, s'approcha de lui.

— Frère, je suis heureux de vous voir icy, car mon père, Dieu garde son âme, saint homme s'il en est, fut également prêtre de notre bonne Église.

— Comment se nommait-il ?

— Raymond de Brasillac…

— Raymond ! Par notre Seigneur, je l'ai connu, nous étions côte à côte à Saint-Félix de Caraman, lorsque tout a commencé…

— Dieu l'a rappelé à lui…

Le Bonhomme fit silence un instant. Il songea à Raymond. Il n'avait pas manqué de remarquer que l'assistance, au moment même où il avait prononcé le nom de Saint-Félix de Caraman, s'était pendue à ses lèvres.

— Vous étiez à Saint-Félix ? demanda un paysan à la voix forte.

— J'y étais en effet, ce fut un grand moment,

le plus grand sans doute de toute ma pauvre existence.

— Racontez-nous, racontez-nous, je vous en prie.

Les regards de tous ces pauvres gens le suppliaient. D'accord, il raconterait ce qu'il avait vu et entendu à Saint-Félix, lorsque tous les dignitaires cathares s'étaient réunis en concile… Il commença :

— C'était aux alentours de l'an de grâce mille cent soixante-sept. Il y avait à Saint-Félix tout ce que l'Église comptait de meilleur. Nicétas, évêque de Constantinople, reconnu par tous comme le plus sage et le plus influent des cathares, Robert d'Epernon, évêque de l'Église de France, Marc de Lombardie, Sicard Cellerier prélat de l'Église d'Albi, Bernard Cathala du diocèse de Carcassonne et bien d'autres encore.

Le vieux sage sentait qu'une aspiration montait de l'assistance. Ils voulaient tous savoir. Eux, ils en avaient quelquefois entendu parler du concile Cathare, mais jamais au grand jamais, foi de Bon Chrétien, ils n'avaient approché l'un des participants. Cela se passait il y a si longtemps ! L'aubaine était trop bonne.

— Comment était-il Nicétas ? questionna un homme au visage ravagé de pustules mauvaises.

— Impressionnant par son savoir, et sa manière de poser sur vous son regard si doux et calme. On devinait en lui une grande sérénité…

et beaucoup d'amour.

— Étiez-vous Bonhomme, lorsque vous fîtes le voyage ?

— Certes, j'étais fort jeune à l'époque, aussi jeune que je suis âgé aujourd'hui, mais déjà, dans un coin du Quercorb, messire Amaury de Belcourt, m'avait ouvert la porte de l'Église des purs. Mon père m'accompagnait à Saint-Félix… lui, c'était un véritable saint que Dieu a trop prestement rappelé à lui.

De nombreuses voix le poussaient à continuer. Tous se montraient impatients de connaître les tenants de cette extraordinaire réunion.

Le vieilleux continua :

— Nicétas tint à nous consoler tous…

— Mais ne l'étiez-vous déjà !

— Nous l'étions tous, mais notre Église s'apprêtait à prendre un nouveau départ et nous nous trouvions dans l'obligation de renouveler nos vœux. Car ce concile posait les fondations d'une foi différente…

— Les deux principes ? jeta une femme prénommée Guillemette.

— Exact, répondit le Parfait, c'est au cours de ce concile béni, que notre Église se détermina pour le dualisme intégral, c'est-à-dire qu'elle décida, inspirée par le Très Haut, de reconnaître l'égalité devant l'éternité des deux principes, celui du bien et celui du mal.

Il éclaira son propos :

— Il y a en effet deux principes. Le premier, le souverain Bien, le Dieu de lumière, est celui des choses spirituelles. Le second, le souverain Mal, l'Ange des ténèbres, est le principe des choses corruptibles et corporelles ou visibles.

Nul bruit ne s'élevait, nulle voix, nul raclement de gorge. Tout le monde buvait les paroles du sage. Il ajouta :

— Nous avons reconnu à Belzébuth la paternité de toutes les choses. Lors, nous savons qu'il a tout créé, le ciel, la terre, les hommes, les animaux, les fleurs et l'herbe des champs, et savons désormais qu'il préside, hélas, aux destinés de notre race. C'est pour cela que nous devons le chasser de nos cœurs, et l'anéantir à jamais…

Le vieil homme s'était levé, un poing serré devant le visage. Il voulait transmettre sa force à tous ces pauvres hères, et verser dans le calice de leur vie misérable, le lait immaculé de la foi.

Il les harangua encore :

— Tout ce qui est dans le monde, que ce soit le désir de la chair, l'avidité des yeux, l'arrogance des riches, cela n'a rien à voir avec le Père Céleste, mais avec ce monde. Le monde passe avec sa convoitise, mais celui qui fait la volonté de Dieu demeure pour toujours.

Il leur rapporta une parole du Christ : *« Je porte témoignage que les œuvres du monde sont mauvaises. »*

Pas un n'osait bouger.

Bientôt on l'appela. L'heure était venue de

partir consoler le vieux Marty que la mort demandait. Il aurait bien voulu leur dire combien avait été heureux le moment où, réunis dans une salle haute, ils avaient été consacrés par la main même du grand Nicétas. Il aurait voulu leur parler de la componction qui régnait ce jour-là à Saint-Félix de Caraman, des échanges, des prières partagées. Quant à la fierté qu'il avait ressentie lorsqu'il fut appelé, avec quelques autres, pour statuer sur la délimitation des nouveaux diocèses cathares, il aurait également aimé la faire partager. Pour la première fois de toute sa vie, il avait eu la sensation de faire quelque chose d'important pour l'Église si chère à son cœur. Il avait trouvé là l'occasion de s'entretenir avec Bernard Raymond de Toulouse, Bernard Cathala de Carcassonne, et Raymond Casalis d'Aran. Leurs échanges avaient été magnifiques, et lui, jeune encore, en était ressorti modelé, transformé, tout caparaçonné de foi.

La consolation de Maury terminée, il fallut seulement attendre que l'âme quitte ce corps enfin privé de vie. L'homme était un croyant, et aucun des participants ne douta que son âme et son esprit connaîtraient ensemble une vie de belle éternité, près du Père Saint.

On remercia le vieillard pour avoir accompagné le mourant jusqu'aux portes du paradis, on le complimenta, on lui offrit diverses victuailles, et surtout le confort tentateur d'une couche de paille.

-17-

Maintenant j'en avais assez vu. Ma quarantaine s'était écoulée, et j'avais hâte de rentrer en Bourgogne. Tous les chevaliers Bourguignons, Eude en tête, eurent d'ailleurs le désir de revoir leur maison.

Cette croisade, sans gloire ni prestige, n'avait rien de mémorable. Nos anciens, eux, vainqueurs de Saladin, ou battus par lui, avaient eu raison de s'enorgueillir d'avoir participé, pour l'amour de Dieu, à de terribles combats, d'avoir affronté des armées puissantes, et conquis des terres fort lointaines. Nous, que ramènerions-nous ? Rien sinon la honte d'avoir vaincu deux pauvres forteresses. Rien sinon l'indignité d'avoir assassiné des innocents. Rien sinon le déshonneur d'avoir forcé de belles hérétiques. Nous n'avions même pas obtenu la moindre conversion véritable. Ah, des convertis nous en avions laissé sur notre route, mais combien s'étaient dirigés vers la foi romaine de leur plein gré ? La peur du bûcher les avait très certainement influencés. J'étais persuadé que dès notre départ, nombreux seraient les relaps*.

Bien sûr, l'hérésie était affaiblie désormais, mais au prix de quels renoncements ? De quelles ignominies ? Moi, j'avais remarqué le regard sans peur de ces croyants cathares, moi j'avais croisé la route de paysans aux yeux brillants de foi. Lors, je m'étais senti impuissant. Pis encore, je m'étais senti indigne. Et sale.

Ma rencontre avec Raymond-Roger, le jeune Vicomte plein de respect et d'amour pour son peuple, m'avait retourné. Ce qu'il m'avait expliqué au sujet de cette religion ne m'avait pas paru de nature à compromettre durablement notre Église. Je n'éprouvais à son encontre aucune acrimonie. Il m'avait paru sincère.

Combien de châteaux allait-on envahir, combien d'innocents allait-on trucider, pour arriver à nos fins ?

Hélas, j'étais seul à me poser tant de questions, les autres, mes amys chevaliers ou gens de foi, avaient réellement l'impression de marcher sur les chemins de la Vérité. Je ne m'ouvrais à personne des doutes qui m'habitaient, au contraire, je n'hésitais pas à me montrer vindicatif à l'encontre des hérétiques. Ou alors, je me taisais.

** Converti qui revient vers sa foi première*

Mais au fond de moi, je me demandais vraiment comment j'allais faire pour tenir ma promesse de jeter au feu un de ces pauvres gueux. Je ne me sentais pas capable de faire une telle chose. Et pourtant ! Je savais que dès mon retour en terre de Bourgogne, l'abbé Cesnac, mon frère, allait m'interroger à ce sujet, et comme on ne ment pas à un homme d'Église, il allait à coup sûr me reprocher de m'être déjugé. Mais au nom de quoi ou de qui fallait-il que j'accomplisse un acte aussi ignoble ?

*

Après le siège victorieux de Carcassonne, alors que Simon de Montfort et le gros des croisés avaient pris Alzonne désertée par ses habitants, puis Montréal et Fanjeaux, je demeurai quelques jours dans la capitale conquise, dans le double but de surveiller le butin saisi aux ennemis, et d'assurer la garde du jeune Trencavel. Je le revis trois fois encore. Chaque jour un peu plus, il se refermait sur lui-même. Il n'était pas en mon pouvoir de le relâcher, c'eût été un acte de trahison, un véritable dol, mais je tentais de le rassurer et d'adoucir son malheur. Dire que nous avons sympathisé, lui et moi, serait exagéré, toutefois, la droiture de ses paroles, le calme qui l'habitait et surtout l'absence chez lui de haine ou même de rancœur, me le rendaient aimable.

Il me parla des cathares et de leur religion. Je l'écoutais en silence, l'esprit tourneboulé. Lors, il m'enseigna des choses importantes sur l'hérésie. Oh pour ça oui, il m'en enseigna ! Je fus surpris d'apprendre que les femmes pouvaient assurer, à l'égal des hommes, la charge de prélat. Que le baptême ne se donnait qu'aux adultes consentants. Que la viande était un aliment interdit. Qu'après la mort, si elle ne s'était pas élevée jusqu'à la perfection, l'âme s'incarnait à nouveau afin de mériter le Paraclet. Il m'assura que pour ces croyants-là, nulle fortune ne comptait, fors celle du cœur, que pour eux, mentir était inconcevable. Que jurer était pêcher. Il m'enseigna qu'ils rejetaient toute sorte de violence.

Toutes mes idées préconçues sur la contre Église tombaient l'une après l'autre, et j'en venais à honnir les simoniaques qui avaient volontairement placé dans ma tête toutes ces erreurs. Par leurs mensonges ils avaient fait de ces misérables en guenilles, mes ennemis mortels.

Je m'étais trompé. Complètement trompé. Mais j'étais un croisé du pape, et je devais faire mon devoir. Ma foi en notre Sainte Mère l'Église n'avait nullement été entamée par les découvertes faites icy, au contraire, je pensais impératif de convaincre ces âmes perdues que la seule religion était la Romaine. Les croyances cathares n'avaient pas ébranlé mes convictions chrétiennes. D'ailleurs, je mis à profit mon séjour à Carcassonne pour me confesser souvent et assister plusieurs fois par jour à des offices. Ma fidélité en Dieu ne pouvait être prise en défaut. J'aurais seulement voulu que nos religieux s'emploient par la parole, l'exemple et la détermination, à ramener au bercail toutes les brebis égarées.

L'exemple, ce sont nos adversaires qui le donnaient, ils vivaient dans la pauvreté, l'abstinence, la continence, la prière et le service des misérables. Pour eux, nul besoin d'accumuler des richesses, nul besoin de faire la guerre pour dérober son bien au voisin. Pour eux, nulle peur. Je les admirais. Non que je fusse attiré par leurs croyances, mais leur manière d'aborder la vie me donnait à les considérer avec bonté. Je ne désirais pas leur ressembler, d'ailleurs l'aurais-je pu ? Certainement pas ! Depuis ma plus tendre enfance, je n'avais vécu que pour offrir aux miens le plus possible de richesses, et si j'avais été élevé dans la crainte du Créateur, je n'avais jamais renoncé ni à la chair ni à la guerre. J'avais péché souventes fois. Plus de fois qu'à mon tour sans doute, j'avais tué des innocents pour un regard malveillant, j'avais forcé des pucelles, j'avais dérobé des terres, j'avais châtié, puni, martyrisé même mes affranchis pour obtenir d'eux plus de soumission encore. Et pourtant, j'avais toujours eu l'impression que le Père divin me pardonnait. Pis, qu'il me guidait de son doigt infaillible. Il me suffisait de m'agenouiller dans le confessionnal ou de dire quelque action de grâce, pour me sentir soulagé. Par ailleurs, revêtir la croix avait offert à mes péchés une rémission complète. Mon frère l'aumônier, saint homme s'il en est, avait su me ramener, par quelque docte parole, sur les chemins de la vérité. À complies, lorsque je le rejoignais dans notre chapelle, je l'entendais réciter un pater, agenouillé sur son prie-Dieu, et cela me consolait. Il me semblait que la seule présence de cet homme d'Église rachetait toutes mes erreurs.

Un jour, sur un tertre de terre qui jouxtait la poterne du château, nous avions brûlé un Vaudois au nom de Dieu. En ce temps-là, j'étais fou de rage à l'idée qu'une hérésie puisse prospérer en notre pays. Ce malfaisant, cet ennemi de Rome, nous l'avions offert en guise de présent au Créateur afin qu'il songe à nous accueillir en son divin paradis, à l'heure où il nous ferait l'honneur de nous appeler.

Des infidèles, patarins, faux dévots, Albigeois, Juifs, dualistes, j'en avais croisé bien d'autres. Et chaque fois leur regard m'avait ébranlé. Était-ce cela, la flamme de la foi ? J'avais demandé à mon abbé de frère si cette braise qui allumait leurs yeux était celle de la conviction, celle de la vérité, ou bien si elle avait été allumée par le malin.

— Le malin les inspire frère, regarde bien cet

éclat, y lis-tu la marque de Notre Seigneur ?

Je n'y lisais rien. Rien en dehors d'une grande joye, et d'un déni de la mort.

Mon frère prétendait que toute la force du Démon était d'insuffler de la liesse dans le cœur de ces drôles, afin de leur dissimuler la vraie route.

Je le croyais à l'époque.

Mais aujourd'hui, le croyais-je encore ? Aucune certitude ne m'habitait plus. Car je les avais rencontrés. Car je les avais aperçus, sur les murs de Béziers ou sur les places de Carcassonne, lorsque la ville était tombée entre nos mains. Car j'avais parlé à la jeune vierge Cathare et à Raymond-Roger dans sa triste geôle. Non ! plus aucune certitude ne m'habitait, sinon la certitude d'avoir commis, à l'encontre de nombreux innocents, le plus grave des péchés : tenter de les faire renoncer à leur foi.

-18-

Le vieil homme gisait envers, sur le chemin des Corbières. À bout de souffle, à bout de vie. Son corps ne voulait plus obéir. Un faix pesant pis encore qu'ânesse engrossée écrasait sa poitrine.

Pourtant, il désirait par-dessus tout rejoindre la cité aux deux rivières, la cité de son rêve. Là, il le savait, l'attendait une mission bénie de Dieu. Là, l'attendait la délivrance. Mais il lui semblait tout à coup que sa route s'arrêterait là, sous l'ombre avaricieuse de ce chêne rouvre assoiffé par l'été. Il remercia le Très Haut d'avoir su veiller sur lui tout au long de son âge. Il lui demanda de l'accueillir dans son Empyrée, et de le recevoir dans sa maison céleste. Il ferma les yeux, la conscience le quitta. Son souffle s'accourcit. La mort, il l'espérait depuis des jours déjà, elle était son amye. Afin de l'accueillir, il avait jeûné plusieurs semaines durant.

Le vieil homme attendait.

Puis tout devint noir, et la souffrance qui habitait son corps disparut subitement. *« Voilà »*, dit-il dans le silence de ses entrailles. *« Voilà ! »*

Le vent du nord, si fort d'habitude, soufflait légèrement sur la campagne et posait maintenant sur toutes les choses une douce caresse. Le silence. Un silence noir comme le trépas. Un silence de paradis. Qui sait ?

Et passe le temps. Et passent les heures. La coule salie du vieilleux flottait à n'en plus finir. Un rat des champs observait ce corps étendu.

Puis un pas… Une voix, le pleur d'un enfant… une larme humide glissa sur la lèvre du gisant. Une larme ? Non, la fraîcheur du liquide indiquait qu'il sortait d'une cruche de terre.

Le vieil homme ouvrit un œil. Le visage qu'il devinait, au-dessus du sien, était fort agréable. C'était le visage d'une presque femme.

— Ça va mieux ?

Il répondit qu'il se sentait bien. Il croyait que la fille était un ange, et que la pièce qu'il entrevoyait maintenant était l'antichambre du paraclet.

— Un peu plus et tu étais mort, frère…

Un peu plus... Il était donc vivant encore. Lors il tenta de se redresser, mais la douleur de son dos le lui interdit.

— Si mon père ne t'avait pas ramassé, à

l'heure actuelle tu nourrirais les corbeaux… tu n'étais pas beau à voir.

Peu à peu, le malade découvrait l'endroit où on l'avait allongé. C'était une modeste habitation, éclairée seulement par une maigre fenêtre à demi fermée. Devant lui, une table sur laquelle des récipients ouverts distillaient des odeurs de campagne.

— Chance que ma femme est un peu tisanière, elle a soigné ton corps d'une vermine horrible qui le rongeait.

L'homme paraissait jeune et fort solide. Il ajouta :

— Tu es icy en la maison d'un croyant, toi et tous les disciples de la bonne religion y êtes toujours les bienvenus.

Le cathare hocha la tête pour remercier ses hôtes.

— Je vous paierai pour la peine et le pain, dit-il dans un souffle... je vous paierai.

« Ta présence seule nous paie grandement », lança le paysan d'un timbre retenu.

La femme s'approcha du malade et l'aida à se relever légèrement. Puis elle frictionna sa peau avec un onguent qui fleurait fort le camphre et la lavande. Elle lui fit avaler un simple* de sa composition qui lui réchauffa le ventre.

— Tu dois manger pour reprendre des forces.

* *Désigne un breuvage, une tisane*

Des forces, il n'en avait plus en effet, elles l'avaient abandonné. Mais il savait qu'entre ces murs, il reprendrait de l'énergie. Il le savait désormais. Ces braves gens qui l'avaient sauvé d'une mort certaine, n'étaient-ils pas des envoyés de Dieu ? Sans doute, sans doute. Il le croyait dur comme la pierre, il en avait l'absolue certitude.

Il se trouvait bien. Le pâté de poisson et le pain blanc remplissaient son estomac. Il revivait. Bientôt il se lèverait et reprendrait sa route en direction de la cité aux deux rivières. Là, il pourrait accomplir sa mission divine. Il était certain que le Père Céleste l'aiderait à franchir les nombreuses lieues qui le séparaient de la ville espérée.

-19-

J'avais quitté Carcassonne et son prisonnier, pour suivre Eude de Bourgogne. Nous rentrions au pays. Notre part de mission, nous l'avions accomplie de notre mieux. Les chevaliers, mes amys, étaient heureux de la perspective de revoir enfin leur belle et de fouler à nouveau le sol de leur contrée.

C'est après avoir échoué sous les murs de Lastour, au pied des tours imposantes qui dominent la vallée de l'Orbeil, Cabaret, Fleur d'Espine et Quertinheux, que l'ost du pape s'était disloqué. Simon et quelques chevaliers avaient continué leur chevauchée vers l'Albigeois, tandis que les Bourguignons étaient remontés vers le Nord. De mon côté, remplacé auprès de Raymond-Roger Trencavel, j'avais dû me résoudre à le quitter. Le chemin de Cesnac m'appelait, et même si j'avais eu bien du mal à abandonner mon prisonnier, la joie de revoir bientôt ma belle m'habitait.

*

Ce jour-là, mon âme s'inquiétait. Je savais que dès notre arrivée, mon frère le Sermonnaire me demanderait de l'affranchir au sujet de la promesse faite à notre père mourant. Je serais obligé de lui avouer que je ne m'en étais pas acquitté. Il pesterait, me maudirait, me traiterait de lâche et m'admonesterait. Je le savais. Je m'y préparais. Mais ce qui me troublait le plus, c'était la sensation, présente en moi de complies à matines, que cette croisade sans gloire, nous avait couverts de honte, mes compagnons et moi. J'en revenais déchiré. Cette graine semée en mon coeur par Raymond-Roger et Arnaude la jeune cathare ne cessait de grandir. Je la combattais du mieux que je pouvais, toutefois, elle s'accrochait et prospérait de manière insidieuse.

Nous refaisions à l'envers le chemin qui nous avait menés dans les terres du Sud. Partout nous étions accueillis par des cris de joye. Partout les villes nous offraient mille présents, et ouvraient leur porte à notre troupe. Des cantiques nous accompagnaient, et des bannières aux couleurs des saints de chaque paroisse flottaient sur notre passage. En d'autres temps, je me serais régalé de ces cortèges de foi. Mais aujourd'hui ? Je savais que seule la peur présidait à ces manifestations. Seule la peur. Car nous étions précédés par les ombres d'une procession de martyres, par les morts de Béziers, par ceux de Carcassonne, auxquels sans nul doute s'accrocheraient bientôt les victimes des autres cités enlevées par Simon.

Je chancelais à la vue de ces moines opulents arborant comme une oriflamme leur bedaine arrondie par de succulentes ripailles. Je les regardais passer, infatués de suffisance, roitelets d'une cour de pauvres hères plus prêts à tendre la main qu'à aider son prochain. Les évêques aux tuniques dorées, vautrés sous des dais étoilés se complaisaient à recevoir toutes les marques de soumission de ce peuple décérébré. J'avais mal de songer que nous avions trucidé, par orgueil ou peut-être par peur, quelques-uns de ces ministres d'une religion modeste qui couchait sur notre religion son ombre maigre. Sans adhérer à leurs croyances, je les aimais. J'aimais leur manière de refuser l'éclat des choses, de s'offrir corps et âme à Dieu. Je les aimais de préférer la mort à l'erreur, de préférer le sacrifice au crime. Ils étaient si différents de nous, si simples dans leur quotidien, si près des gens et si loin à la fois.

Aux portes d'Avignon, où nous avions arrêté notre convoi, une horde de croyants plus tapageurs qu'une armée de moineaux nous entoura. Les maîtres de la ville étaient venus à notre rencontre, et nous avaient baillé bonne hospitalité. Nous avions fait bombance, et plus d'une pucelle y avait laissé sa fleur. Quel honneur pour ces petites gens de se frotter à des soldats de Dieu ! On nous fit raconter la croisade. Et les chevaliers à la croix la racontèrent par le menu. Le massacre de Béziers, ils en firent une grande victoire de la Sainte Église romaine ; ils inventèrent des péripéties incroyables qui valorisaient l'action de l'ost. Ils inventèrent d'improbables batailles et multiplièrent leur mérite par cent. Ils firent de Béziers une description telle que tous ceux qui l'entendirent frissonnèrent de terreur. Ils prétendirent qu'à Carcassonne Dieu lui-même était intervenu. Mais lorsqu'on m'interrogea personnellement sur ce que j'avais vu, je me gardai bien de donner mes impressions véritables. Je n'eus pas le courage de dire que Béziers avait été prise par hasard, et que Carcassonne avait cédé à cause du manque d'eau, de sales maladies qui la rongeaient, et d'une trahison. J'avais préféré laisser mes amys se prélasser dans le mensonge. J'avais préféré les voir rivaliser de menteries, pour obtenir des damoiselles présentes, un regard d'admiration.

Allongé sur ma couche, je n'avais pu m'empêcher de songer au bon Vicomte Raymond-Roger, que j'avais laissé affaibli. Peut-être était-il mort à l'heure où je m'apprêtais à revoir ma belle. Je priai pour lui, pour son enfant, pour sa douce qui désormais vivait dans la terreur et la pauvreté. J'eus pour Simon de Montfort quelques pensées attristées. J'admirais son courage et son sens de la guerre, mais je ne savais rien faire d'autre que le désavouer secrètement. J'avais compris que ces fameux hérétiques que tout le monde avait décrits cruels et diaboliques n'étaient que de pauvres gueux amoureux de Dieu.

La route nous reprit alors. Mais avant que notre troupe n'atteignît la première lieue, un coursier mandaté par Avignon nous apporta la désolante nouvelle de la mort du jeune Raymond-Roger. Le pauvret s'était éteint, nous rapporta-t-on, au milieu de la nuit, atteint d'une dysenterie qui avait infecté ses boyaux. Pourtant, il était rude, et fort au mal, le Vicomte de Carcassonne, pourtant rien n'avait semblé l'ébranler. Il est vrai cependant que dans la salle basse de la tour comtale où on l'avait enchaîné, régnait une détestable puanteur, et que la crasse poissait tout. Des semaines durant, il avait partagé la vie de rats et de toute une faune d'insectes porteurs du mal.

Dieu comme je fus attristé par cette disparition ! Dieu comme j'en fus touché ! Pourtant, c'était de la mort d'un adversaire qu'il s'agissait, de la mort d'un compagnon de l'hérésie. J'aurais dû me réjouir d'apprendre que cet ennemi du pape avait expiré. Ce n'était pas le cas ! Bien au contraire, mon ventre se noua, ma respiration se fit plus saccadée, et sur mon visage, les signes d'affliction apparurent si nettement que plus d'un d'entre mes capitaines s'inquiéta de ma santé.

En chemin, plus nous montions vers le nord, plus nous étions vénérés. Et les bastides s'ajoutèrent aux bastides, les bourgs aux bourgs, en une procession où les cris de joye succédaient aux cris de joye.

Bientôt, après des lieues et des lieues, après que nos pieds fussent usés de tant marcher, j'aperçus, perdu à l'horizon, le donjon du château des Cesnac.

-20-

Le vieil homme allait mieux. Il osa un pas en bas de son lit. Ces braves gens chez qui il s'était reposé, l'avaient couvert de leur tendresse, et avaient soigné son corps fiévreux. Dieu n'avait pas voulu de lui.

Ce jourd'hui, il pouvait s'installer autour de la table. On lui demanda de bénir le pain, il s'en acquitta en le tenant au-dessus de sa tête dans un linge immaculé. Il parla.

Pourtant, depuis de longues journées, il n'avait pas ouvert la bouche, si ce n'est pour avaler une becquée de nourriture. Mais ce jour-là, il était affamé. Ce ne serait pas une becquée qu'il avalerait, une fois n'est pas coutume, mais de grandes goulées, comme pour redonner à son corps ce qu'il lui avait tant de fois refusé. Mais son appétit d'oisillon se tarit vitement, et il dut renoncer.

Le chef de famille lui narra les malheurs

qui s'étaient abattus sur le pauvre peuple des provinces du sud. Il lui raconta, agrémentée de force détails, la chute de Carcassonne, et l'emprisonnement mortel de Raymond-Roger, le bon Vicomte. Le vieil homme était triste, mais il savait que toutes ces choses étaient voulues de Dieu. Il savait que le malin inspirait les croisés, il savait que l'avidité, la cupidité, semaient des graines fécondes dans le cœur de l'homme. Il savait.

— Le Bon Père ne veut rien d'autre que notre bonheur, il y pourvoira, soyez sans crainte, lança-t-il comme pour adoucir la peine de ses hôtes.

Sa parole fut un onguent réparateur.

Peu à peu, il sentit grandir en lui le désir de reprendre sa route. La cité aux deux rivières lui trottait dans la tête.

— La connaissez-vous ? demanda-t-il.

C'est un bâchelet au visage bien fait, un voisin de mes hôtes, qui lui répondit :

— Si je la connais ! Pour sûr que je la connais, je m'y rends plusieurs fois par an, afin d'y négocier les poteries que je cuis. J'y achète également des étoffes.

— Comment est-elle ?

— Sainte et invincible… Les vrais chrétiens y vivent en bon entendement avec les seigneurs du lieu, et la vraie religion y est maîtresse…

— Je dois m'y rendre, dit le vieil homme.

— Vous y trouverez la paix, pour sûr ! C'est

une ville où la foi suinte des murs, et il n'est pas rare d'assister, en pleine rue, à une pieuse cérémonie. Les prières réunissent sur les places ou dans les caves des nuées de croyants qui espèrent en Jésus.

Le garçon continua à pérorer sur l'excellence de la garnison qui avait la cité en charge. Il ne manqua pas de flatter la vaillance et l'engagement auprès de l'Église des purs, de Guilhem, le seigneur de la citadelle bénie des cieux.

Le repas se termina par une homélie cathare que le vieil homme déversa comme une rivière de miel sur cette douce assemblée. Il y expliqua la parabole du phénix qui renaît sans cesse de ses cendres.

— Ainsi sommes-nous, si l'on nous brise, si l'on nous occis, tel l'animal fabuleux, nous nous relevons… car on n'efface pas, par la seule volonté humaine, l'aspiration de tout un peuple soumis au Très-Haut…

Puis il ajouta que le royaume de l'Ange de Providence n'était pas forcément là où nous le pensons, mais en chacun d'entre nous, et même à l'extérieur de nous. Il cita Thomas qui, lui-même, rapportait une parole du Christ : *« Si ceux qui te guident affirment que le royaume de Dieu se trouve dans le ciel, alors il faut admettre que les oiseaux s'en trouvent plus près que nous… »*

Maintenant, Pierre Tournefort, le meunier, Guillaume Vidal ancien Prévost, Bernard Puig, agriculteur de son état, et Jacques Norrat un ouvrier, avaient poussé la porte de la demeure, et s'étaient assis à même le sol pour entendre la parole.

— Nous sommes le temple du Dieu vivant, et son Esprit vit en nous. Nous sommes un édifice qui a pour fondations apôtres et prophètes, et pour pierre angulaire le Christ lui-même.

Tous les regards se posaient sur le vieil homme, mais il n'en avait cure, il était habité. D'ailleurs, les voyait-il seulement, ces pauvres gueux affamés de sainteté ? Les voyait-il seulement ?

Un homme pénétra dans la pièce et demanda à parler au sage vieillard. Il s'agissait d'Étienne Baille, qui fut clerc en son temps, renégat et prêt, assurait-il, à demander la consolation. Il avait étudié les croyances cathares, les avait adoptées, et désirait, selon son propre dire, accéder à la vêture.

— Ma vie ne serait point heureuse s'il n'y avait Dieu, avoua-t-il.

« Cela est bien de l'aimer, dit le vieil homme, *mais vous sentez-vous digne de le recevoir ? »*

— Je le prie de matines à complies, je jeûne aussi souvent que l'Église l'exige, je ne jure point, je n'use ni de mensonge, ni de luxure, j'aime mon prochain, je ne consomme jamais de chair animale…

« Quel saint homme ! » pensèrent les participants, ébahis sans doute de tant de rigueur.

Le vieux sage le fixa avec tendresse.

— Tu es donc parfait ?

— Pour sûr que je vis dans la perfection…

Alors le « Revêtu » se leva, écarta ses mains et lança :

— Tu dois comprendre que tu es icy pour implorer Dieu et non pour m'implorer moi, car je ne suis que l'intercesseur, et je ne dispose de rien, je ne décide de rien…

Un moment passa, empli de componction et d'amour partagé.

— Pour entrer en l'Église des Purs, il te faudra connaître l'humilité Étienne, il te faudra vivre autrement qu'en homme parfait… car la vanité est le plus terrible des péchés.

L'homme baissa la tête, murmura *« Merci »*, et se leva pour quitter la salle.

Dès qu'il eût refermé la porte, dès que le bruit de son pas se fut étouffé dans la nuit, une voix mâle s'éleva :

— Pourquoi ne l'avez-vous pas conduit à consolation ? Il le désirait tant… Un tel chrétien a sans nul doute sa place dans l'Église des purs…

Le vieil homme se posa à nouveau sur son banc, et laissa filer quelques secondes d'un silence réparateur. Puis :

— Je ne l'ai point refusé, d'ailleurs il n'était pas en mon pouvoir de le faire. M'avez-vous entendu lui dire non ? Je lui ai simplement fait toucher du doigt que le chemin était encore long.

Les têtes ballaient d'avant en arrière comme pour approuver. Le feu crépitait dans la cheminée. Dehors, le ciel nuageux jetait sur la campagne un voile obscur. La sagesse du Bonhomme venait de balayer tous les frimas de l'amertume. Il continua :

— Je ne lui ai rien refusé, frères, il a seulement compris que le Très Haut ne demandait pas la perfection, mais l'humilité… un jour peut-être sera-t-il digne d'appartenir à la vraie religion.

Tantôt, il demanda la permission de se retirer.

— Demain la route me reprendra... je sais qu'elle sera longue et pénible. Demain je devrai vous quitter amys, demain…

Mais l'hôte ne l'entendait pas ainsi :

— Vous n'y pensez pas, partir dans votre état, partir à peine reposé… c'est foleur*…

— Pourtant, la cité aux deux rivières m'attend, je dois impérativement m'y rendre, même si elle est fort lointaine.

— Je vous y conduirai, jeta un bâchelet taillé comme un tronc de chêne, je dois m'y rendre également afin d'y faire provision de passementeries et de soies pour mon commerce.

Gaillard Faure était regrattier, et s'approvisionnait régulièrement auprès des ateliers de la

** désigne la folie au Moyen-Âge*

fameuse cité aux deux rivières. Car là-bas, en pays Minervois, dans cette bourgade que l'on disait bénie du ciel, vivaient de nombreux ateliers tenus par des ministres de la vraie foi.

— Je vous remercie, dit le voyageur de Dieu avant de se retirer.

-21-

Revoir ma mie fut une immense joye. Elle ne me demanda rien au sujet de ma croisade, ni des rencontres éventuelles que j'avais pu y faire, j'étais revenu vivant, et c'était là le principal pour elle.

Avant d'arriver chez nous, nous avions rencontré une foule immense qui était venue nous fêter, nous les héros de l'Église. On nous avait lancé des fleurs, et l'on avait scandé notre nom. Sur notre passage, des cantiques s'étaient élevés. Des chants remplis de foi qui atteignaient le Ciel. Des femmes dépenaillées s'offraient à nos regards avides. Dieu que je l'aimais ce petit peuple. Le bayle du castel de Cesnac était venu à notre rencontre. Il m'avait rassuré :

— Durant votre absence, rien de mauvais n'est advenu. Votre mie, attristée comme une abeille en hiver, se montra patiente. Votre mère, inconsolable après le départ de son cher et tendre, fut digne dans la douleur. Quant aux affaires de la seigneurie, nous y avons veillé.

Ce brave Maulen s'était occupé de tout, de prélever l'impôt, de châtier les maraudeurs, de récompenser les plus vaillants des serviteurs. En mon absence, il avait repoussé quelques meutes de routiers avinés qui, voulant profiter de l'affaiblissement relatif de la garnison, avaient tenté de forcer les portes de la cité, afin d'y perpétrer quelques rapines. Le bayle les avait attrapés et pendus haut et court. Au total, il n'avait rien ou presque à déclarer.

— Et mon frère ?

— L'abbé se porte bien, il souffre de goutte, mais au bout du compte, il tient sa paroisse d'une main de fer. Il a maintes fois fait prier ses fidèles pour votre protection. Il vous attend avec impatience.

Il m'attendait avec impatience ! Je redoutais par-dessus tout qu'il me demande si j'avais tenu la promesse faite à notre père de pousser un cathare dans le bûcher.

Mais peut-être avait-il oublié !

Je l'espérais !

Le premier repas pris avec mes gens fut un merveilleux moment de convivialité familiale. Mon frère l'aumônier passa nous voir. Heureusement, il ne me parla de rien. Il me fit raconter ma guerre. Je m'en acquittai avec passion, comme si j'avais pris une part importante dans le rayonnement de Notre Seigneur Jésus-Christ et de l'Église. Je racontai le siège de Béziers, le refus des maîtres de la ville de livrer les hérétiques, et la punition que l'ost divin leur infligea. Bien sûr, j'omis de préciser que parmi les presque dix mille morts de la ville, se trouvaient de nombreux catholiques, des prêtres, des moines et qui sait, quelques évêques mêlés à la foule des incroyants et des sectataires. Puis je me lançai de façon dithyrambique dans la narration du siège de Carcassonne ; j'expliquai l'action importante des chevaliers Bourguignons, et la vaillance de Simon de Montfort à qui fut confié le sort de la croisade. Pourtant, au fur et à mesure que mes mots décrivaient l'immense victoire des armées papales sur les hordes de Satan, la honte m'envahissait. Je ne pipai mot de Raymond-Roger, le Vicomte catholique que nous avions jeté en prison, ni de cette cité si belle, dérobée à ses habitants. Mais j'étais un chevalier, et je me devais de soutenir, contre vents et marées, les actions de notre camp.

Enfin seul, je me mis à penser à la jeune cathare qui préférait mourir que de se frotter à moi. Je songeai tristement à la mort du jeune Vicomte, et aux habitants de Carcassonne que nous avions déshonorés et chassés de chez eux presque nus et entièrement dépossédés. Je songeai à Raymond de Toulouse, traître à son peuple et revêtu de la croix. Je songeai aux flammes immenses qui avaient dévoré Béziers et ses habitants. Je pleurai.

Avant de me quitter, mon frère m'avait lancé :

— Peyre, demain à la première heure, je t'entendrai à confesse, et je dirai une messe pour célébrer votre retour, à toi et à tes amys.

Mes amys !

Cinq d'entre eux n'étaient pas revenus ; ils avaient trouvé la mort sous les tirs carcassonnais.

Cette nuit-là, je ne pus honorer ma belle, les mots d'Arnaude trottaient dans ma tête. Que se passait-il en moi ? Qu'avaient-ils fait du chevalier Peyre de Cesnac, craint par-delà les montagnes ? Qu'avaient-ils fait du maître de Cesnac ? Ma gentille Mengarde mit mon absence sur le compte de la fatigue et ne se plaignit pas de la carence amoureuse de son homme. Pourtant, son petit jardin resté inculte depuis mon départ, réclamait son jardinier. Elle s'était parée de ses plus affriolants atours afin de me séduire, s'était parfumée comme une déesse, avait tenté par des caresses bien senties d'obtenir de moi belle jouissance, mais elle dut rapidement se rendre à l'évidence : sa plaine fertile devrait attendre encore.

Je ne dormis pas de la nuit, trop de souvenirs mauvais montaient en ma mémoire. J'aurais voulu tout effacer. Mais demain, qu'allais-je raconter à mon cher abbé ? Dans le confessionnal j'étais tenu de lui dire la vérité. Me comprendrait-il ?

La tristesse liée à la mort du jeune Trencavel emplissait mes yeux de larmes amères. Ma Mengarde se résigna à la continence provisoire. Elle m'interrogea tout de même :

— Qu'avez-vous Peyre ? Avez-vous rencontré en ces contrées lointaines, des malheurs si vastes qu'ils vous volent le sommeil et la hargne d'amour ?

— Je suis fourbu ma belle, fourbu et las de tant d'heures passées loin de vous…

Que pouvais-je ajouter ? Allais-je lui avouer que c'était la mort d'un ennemi qui me tirait les pleurs ? Ou le refus d'une jeune cathare de partager ma couche ?

*

Je m'agenouillai dans le confessionnal, la tête plongée entre mes deux mains tremblantes. Je sentais sur mes doigts le souffle lourd de mon cher abbé Cesnac. Je lui avouai mes péchés ; il fut esbaudi de ne point trouver parmi eux, la faute de luxure. Il s'en ouvrit à moi, mais quand je lui eus expliqué que je m'étais entièrement mis au service du Père divin, il me donna son absolution.

Avant de me laisser filer, il glissa :

— Peyre, et la promesse faite à notre décédé, l'as-tu tenue ?

L'instant redouté venait d'arriver. J'avais si

peur de la punition divine qu'il m'était impossible de mentir dans un tel endroit. J'avouai :

— Hélas, frère, je ne la pus tenir !

— Et pourquoi donc, n'y avait-il aucun de ces diaboliques à portée de ta poigne ?

— Je… heu… Heu…

— Honte à toi, Peyre de Cesnac, honte à toi, père doit se retourner dans sa tombe devant ta lâcheté…

— Mais…

— Il n'y a pas de « mais » frère, si tu veux que notre père repose en paix, tu dois retourner là-bas, et t'acquitter de ta dette, sinon…

La menace était sévère. Ce sinon prononcé d'une voix sourde et accusatrice, signifiait que je risquais la damnation, l'excommunication ou pire encore, les flammes de l'enfer…

Je tentai de me débattre :

— Mais voyons, j'en viens, il m'est impossible d'y retourner de si tôt…

L'abbé me coupa :

— Tu y reviendras, tu y reviendras et tu bouteras dans le foyer un de ces hérésiarques, afin de montrer à tous qu'un Cesnac sait tenir ses promesses… Ou alors préfères-tu laisser notre père se morfondre dans la douleur de son éternité ?

Sonné par les propos de l'ecclésiastique, je sortis de la cage de bois, et lançai :

— J'irai frère, j'irai, je t'en fais le serment…

J'ajoutai seulement :

— Mais accorde-moi quelque temps afin de mettre en état les affaires de ma seigneurie, et de lever une troupe suffisante.

— Noël ne va point tarder, jusque-là, reste parmi nous, car le devoir t'a séparé des tiens et je ne voudrais pas que tu passes les fêtes de la nativité dans d'autres draps que ceux de ta chère et tendre. Mais dès l'année nouvelle, tu te mettras en quête de compagnons, et tu retourneras chez les barbares où t'attend la plus importante des missions.

J'espérais secrètement que d'icy la nouvelle année la croisade se serait arrêtée, et que Simon lui-même aurait rejoint son pays.

-22-

La fièvre était revenue.

Le vieil homme tenta bien de se relever, mais son corps refusait obstinément de lui obéir. On le soigna encore, on s'occupa de lui comme s'il se fût agi d'un membre éminent de la famille.

— Sans doute Dieu veut-il que vous passiez les fêtes parmi nous, et pour nous, c'est un grand bonheur.

Le sourire du « Bon Chrétien » donna le répons à la maîtresse de maison qui s'activait tant auprès de sa modeste personne. Lui aussi était heureux de pouvoir passer les fêtes de la nativité sous un toit accueillant. Pourtant, sa mission le taraudait. Il voulait par-dessus tout accomplir ce pourquoi on l'avait mandaté.

Il but force tisanes, mangea poissons et pain blanc jusqu'à s'en étouffer. Malgré sa faiblesse, il ne manquait jamais de consoler un mourant, ou d'instruire un enfant. Car il les aimait les enfants, le vieil homme. Oh pour ça oui, il les aimait !

Le bâchelet avait dû partir pour la cité aux deux rivières, mais avant, il avait promis au Bonhomme de revenir bientôt, et de lui servir de compagnon de route, dès qu'il en aurait le désir et la force.

L'hiver passa. Ce fut un hiver froid. Chaque jour apportait son lot de mauvaises nouvelles, et la région semblait s'écrouler comme un château de sable assailli par les vagues. Les armées croisées, dégonflées certains jours par la fin des quarantaines, paraissaient ragaillardies le lendemain, grâce à l'arrivée de milliers de soldats. Il faut dire que dans tout le monde chrétien, les évêques s'activaient à prêcher la croisade.

Tous espéraient icy, que les rudes conditions de l'hiver empêcheraient les catholiques de continuer leur route. Mais rien ne semblait accréditer un tel espoir. Cependant, la froidure perdit petit à petit ses habits lugubres, et les bourgeons annoncèrent bientôt l'arrivée du printemps.

Le vieil homme avait repris des forces, et maintenant, il était prêt à prendre définitivement la route. Là-bas on l'attendait.

Qui ? Il ne le savait pas. Pourtant, il avait la certitude que près des deux rivières, un homme l'espérait. Souvent le rêve de cette rencontre se réinvitait en lui. Alors, lorsqu'il se réveillait trempé de transpiration, il demandait au Père de lui donner le courage de reprendre sa route. Et le Père savait l'exaucer. Son corps se renforçait de jour en jour. Sa foi également. Il n'ignorait pas que près des deux rivières il allait courir un immense danger. Non, ça il ne l'ignorait pas le vieil homme.

La mort ne l'effrayait pas, au contraire, elle le conduirait vers l'éternité. Il avait tant contraint son corps, au cours de ces années de prêche, que son âme devait être toute lisse, semblable à un flocon de neige, ou à un caillou roulé par la rivière. La douleur, il l'avait toujours combattue, ignorée. Son bonheur, son seul bonheur était de se rapprocher du ciel. Pas de celui des oiseaux, pas de celui des nuages, non, pas du ciel où luisent le soleil et la lune, pas du ciel où naissent les orages, mais d'un autre, plus immatériel, plus impalpable. Il parlait d'un ciel contenu dans la tête de l'homme. Un ciel d'une incommensurable pureté.

Quand il faisait le bilan de sa vie, il y décelait une infinité d'imperfections. Il se sentait pécheur, vil pécheur sans mérite. Il se sentait coupable de n'avoir pas assez souffert au nom de Dieu. À chaque seconde de sa vie, il désirait expier. C'est pour cela qu'il portait en permanence le cilice de crin, cette chemise qui râpait sa peau comme l'auraient râpée mille galets auxquels il se serait frotté. Il méritait la souffrance, il la désirait. Ainsi, son esprit pouvait se dégager de toute vile tentation. Parfois, il se fouettait le dos à l'aide d'une lanière lestée de métal, la même sans doute que celle dont les Romains s'étaient servi pour châtier le Christ. *« Mais, contrairement à moi, Christ ne ressentait rien. Car il était d'esprit et non de chair, car il était lumière, car il était virtualité divine. Christ était dégagé des contraintes matérielles, et lorsqu'on le crucifia, on n'accrocha à la croix qu'une image »*, racontait inlassablement le vieil homme à tous ceux qui croyaient en la résurrection.

Lui, il était bel et bien fait de chair, et la souffrance faisait partie de son quotidien. Grâce à elle, il cheminait vers une éternité heureuse. Son âme pourrait ainsi se perdre dans l'infini, et rejoindre son esprit dans l'Empyrée où elle vivrait une existence sainte et joyeuse. Il songeait aux paroles qu'il avait entendues sur la place de Villerouge, au temps béni où personne ne menaçait leur foi : *« Quant à celui qui, au cours de son ultime incarnation, reçoit l'Esprit Saint et devient à son tour parfait, il ne meurt pas. Il quitte cette tunique de chair et de terre sans peine, et revêt la tunique divine et immortelle du Christ »*.

Il espérait que le jour viendrait bientôt pour lui, de revêtir la tunique divine et immortelle du Christ.

*

Demain, au lever, ce serait le grand jour. Il quitterait ses hôtes devenus ses amys, et se dirigerait vers le lieu où se rejoignent les deux rivières. Il n'attendrait pas le bâchelet qui l'avait assuré de son aide, le temps n'était plus à la paresse. Car la nuit précédente, le rêve l'avait visité à nouveau. Il avait entendu des cris, des hennissements, et le bruit sourd de boulets projetés contre les murailles. Un homme lui parlait dans une langue inconnue. Puis il y avait des chants latins et le hurlement d'une foule en colère. Il s'était réveillé avec la certitude que l'aboutissement de sa mission n'allait plus tarder.

Le vieil homme avait retrouvé la route de la cité aux deux rivières. Avant de quitter la maison si accueillante où on l'avait soigné et reçu de la meilleure manière, il avait recommandé au Ciel tous ces braves paysans, et leur avait promis la protection de Dieu.

Marty, le chef de famille, informé par des commerçants de passage, lui avait indiqué où se trouvaient les croisés. *« Ainsi, tu éviteras de te jeter dans la gueule du loup. Car il ne fait pas bon chuir* dans les griffes de ces carnassiers du pape »*. Mais le Bonhomme avait souri et s'était écrié : *« L'Être est là qui me protège »*.

Pourtant, l'automne et l'hiver qui avaient chassé les ardeurs de l'astre roy, n'avaient point éloigné les soldats maudits de la région. Ainsi, après avoir conquis, sans se battre, de nombreuses bourgades telles Alzonne, Montréal,

** Signifier tomber en vieux français*

et bien d'autres encore, et s'être lancé sans succès à l'assaut de Cabaret, les croisés avaient planté leur camp devant le village de Fanjeaux.

— Fanjeaux ?

Le vieil homme s'était montré très attristé par la prise de cette ville. Il se souvenait y avoir assisté à de brillantes réunions cathares au cours desquelles il avait rencontré de nombreux bons chrétiens qui y tenaient maison. Il songea avec émotion à Guillaume de Carlipa, à Pierre Belhomme, à Arnaud Clavel, à Raymond de Lavaur, et surtout à Guilhabert de Castres.

Ah ! Guilhabert de Castres. Un saint homme, le plus sage d'entre les sages, et aussi le plus instruit des tenants de la vraie foi. Sa présence seule rappelait que Dieu vit en nous. Il était habité par la grâce, et savait convaincre le plus aguerri des catholiques que la seule direction possible était celle de la consolation. Combien s'étaient convertis à son contact ? Un grand nombre assurément. Marty confia que le saint homme s'était réfugié dans les montagnes, au sein d'une forteresse achetée par un certain Péreille, et nommée Montségur.

Mais il fallait continuer, suivre la route des Corbières, et s'enfoncer enfin dans le Minervois. Il ne savait pas très bien ce qu'allait être sa mission, mais il avait la certitude que là-bas, dans la plaine des deux rivières, son destin allait se sceller. Son rêve, il le revoyait... Les murailles émergeaient de vapeurs blanchâtres, et une foule indescriptible de chevaliers, de manants, de catholiques se pressait à la porte de la forteresse. Il avait vu des flammes, et entendu des cris de terreur. Puis au milieu du songe, un immense chevalier croisé lui était apparu. Le reste, il l'avait oublié.

*

Un soleil voilé de petits nuages gris l'accompagne. Il est seul. Seul ? Non, car son Père Céleste marche auprès de lui. Maintenant il sait que rien ne l'arrêtera. Il a repris des forces, et la foi le pousse comme s'il se fût agi d'un amy bienveillant. Jamais auparavant, il ne s'était rendu en pays Minervois, mais il en connaît la route, elle est inscrite dans son cœur. Il sait qu'il doit dépasser le Verdouble et sa vallée maudite, après avoir évité Carcassonne, et obliquer enfin. Il souffre mille morts, mais au lieu de l'inquiéter, cela le remplit de bonheur.

Peut-être au gré d'un layon empierré rencontrera-t-il une horde de routiers, ou bien une troupe de croisés. Peut-être la mort l'attend-elle au détour d'une haie, ou au débouché d'une sente. La mort, il ne la craint pas le vieil homme. Il la désire. Comme l'homme désire la femme, le cheval la jument. Elle est sa seule maîtresse. C'est avec elle qu'il a rendez-vous aux deux rivières. Avec elle… Toutefois, avant de la saluer, il doit accomplir la mission de son rêve.

-23-

Me voicy sur les chemins asséchés du sud. Je n'ai pu retarder plus longtemps mon départ, mon cher défunt me le rappelait chaque nuit. Mon frère l'abbé itou. Cela n'a pas été aisé d'apprendre à ma belle dont le ventre s'était singulièrement arrondi, que je devais me rendre à nouveau dans le Toulousain, pour y rejoindre Simon et ses troupes. J'avais suivi de près les victoires de nos soldats, la prise des châteaux principaux, les redditions à la chaîne, et les malheurs que les croisés, mes amys, semaient tout au long de leur route.

La promesse de bouter dans le feu un de ces hérétiques ne cessait de me poursuivre. Comment allais-je m'en acquitter ? Pour moi, une telle action tenait de l'ignominie. Non que je les aimasse ces ennemis de l'Église, mais je ne voyais pas au non de quoi, et même au nom de qui, j'allais tuer de mes propres mains un homme ou une femme dont la vie, vouée à Dieu, délivrait le meilleur des exemples. Pourtant, il n'était pas question de trahir mon père. Là-haut, dans son éternité, il ne me le pardonnerait pas.

Je n'avais personne à qui confier mon désarroi. Mon confesseur m'aurait sans doute demandé d'abandonner immédiatement toute idée d'abjuration, mes capitaines auraient, j'en suis certain, levé les bras au ciel pour signifier que cette histoire les dépassait, quant à l'évêque, je n'osais même pas lui en parler.

Béziers sentait encore la cendre.

Nous nous y arrêtâmes une demi-journée, afin d'y faire le plein d'eau potable et de provisions. La vie reprenait peu à peu, et dans les ruelles dévastées, une activité commerçante commençait à refleurir.

Mais il ne fallait pas s'attarder, Minerve, la cité aux deux rivières nous attendait.

*

Elle est belle, forte, superbement protégée, et peuplée, du moins en apparence, d'une grande quantité de soldats. Déjà les croisés se sont postés dans le lit des rivières, sur les falaises où des mangonneaux s'apprêtent à déverser sur la ville des quantités de pierres. Déjà les feux allumés dans les campements couvrent la campagne d'un voile fuligineux.

Je me rends sur la falaise, auprès de Simon de Montfort qui se montre fort heureux de me revoir. Il m'assure que la mort du jeune Vicomte auquel il devine que j'étais attaché, n'avait pas été voulue par lui, ni par aucun de ses compagnons. *« Une mauvaise dysenterie a eu raison de Trencavel, seulement une mauvaise dysenterie »*, jure-t-il. Faut-il lui faire confiance ?

Il nous indique dans quel coin du camp nous devons nous installer, et nous offre un sauf-conduit afin de nous recommander auprès des évêques.

... Le vieil homme avance à tâtons. La nuit est presque noire. Parfois, il s'arrête un instant, lève la tête pour contempler la forme sépulcrale et massive de la cité aux deux rivières. Il a parcouru toutes ces lieues, enjambé tous ces fossés, il a usé ses pieds sur tant de layons, qu'il est bien heureux de toucher enfin au causse de Minerve.

Il ne pourra jamais pénétrer dans la ville, trop d'assaillants en bloquent les passages. Mais alors, que peut-il bien faire, sur ce tertre de terre et de cailloux qui domine la ville ? Il s'agenouille afin de prier Dieu. De lui seul peut venir l'inspiration. Le vieil homme se dit que si l'Ange de Providence l'a entraîné jusqu'ici, c'est qu'il a de bonnes raisons. Et en effet, il ne va pas tarder à les découvrir, les raisons de Dieu !

Dans son dos, un bruissement. Un raclement de sabot. Il n'a pas peur. Il attend.

— Qui va là ?

Il ne bouge pas, ne répond pas. Il n'est plus qu'une statue de sel, une statue qui espère l'orage.

Il sent une main ferme sur son avant bras. Une voix : *« C'est un cathare, c'est un cathare ! »* Plusieurs soldats se pressent autour de lui. Il est leur prisonnier désormais. Il les suit sans réticence aucune. D'ailleurs comment pourrait-il s'opposer ? Un chevalier marche devant lui. Il reconnaît à son bras un écu armorié aux couleurs de la Bourgogne. On le brutalise un peu, car sa lenteur ressemble à de la rébellion. On le bouscule, il ne dit mot. Bientôt on le pousse sous une tente de toile bleue éclairée par une pauvre torche. Un fier croisé est assis sur un banc.

— Nous l'avons pris sur les collines où nous faisions provision de bois, explique un capitaine à la voix rocailleuse.

— Laissez-nous seuls, dit Peyre de Cesnac, je l'attendais...

Le soldat catholique desserre les liens qui étreignent le vieil homme, et l'invite à s'asseoir.

Guillemin est là également, pour aider son maître à comprendre le prisonnier.

— Ne crains rien, je ne te ferai aucun mal…

— Je ne crains rien ni personne, car « IL » est en moi…

Sous la coule épouvantable qui recouvre le corps décharné du prisonnier, Peyre a reconnu un de ces fameux bonshommes cathares. Il n'a pas pu s'empêcher de songer à la promesse faite à son père sur son lit de mort. Mais maintenant, il ne sait plus que penser. Il possède d'ailleurs la certitude qu'il n'aura pas le courage de pousser un tel vieillard dans les flammes, il lui rappelle tant ce grand-père qu'il a si peu connu, mais dont on lui a si souvent parlé. Pourtant, sa promesse, il la tiendra ! Il la tiendra !

Le Seigneur de Cesnac fait attacher le prisonnier à un pieu, sous l'auvent de sa tente. Il n'ose le regarder. Demain, se dit-il, sera un autre jour, demain, peut-être la haine de l'hérésie lui dictera-t-elle la solution à adopter pour demeurer en accord avec lui-même.

Ce matin, les mangonneaux ont entrepris de pilonner les courtines de Minerve. On en compte quatre, un en face du château, le long du Brian, dans le secteur des Narbonnais, un second du côté des Gascons, non loin de la maison des lépreux, et dont les tirs peuvent atteindre le fort Saint-Étienne. Un troisième est situé près de la poterne, dans le vaste lit où se rejoignent les deux rivières. Une quatrième machine de guerre, un trébuchet géant surnommé « la Malvoisine », est placée sur la falaise, au cœur même du campement de Simon de Montfort. Elle a pour mission de détruire le puits Saint-Rustique, et ainsi de priver la ville d'eau.

Pour l'heure, la précision des tirs ne semble pas inquiéter les habitants, mais nul n'ignore que les servants ne manqueront pas d'affiner leurs jets, et que bientôt, à l'intérieur de la cité, s'abattra une averse de pierres.

C'est alors un concert de sifflements, de miaulements, de cris affolés. Ce sont des chocs répétés. Les toitures des maisons éclatent sous la pierraille.

Chaque jour apporte son lot de destructions, et dans les ruelles étroites de la cité, les cadavres commencent à s'entasser.

*

Peyre de Cesnac ne se décide pas à livrer son « cathare » à Simon, il lui semble trop vieux, trop fatigué et chétif pour être jeté dans les griffes du chef de guerre. Et puis, il s'y est habitué, Peyre, depuis toutes ces semaines. Le vieil homme est même devenu son « cathare » à lui, son prisonnier, et qui sait, peut-être son amy. Dès complies, lorsque la nuit tombe sur le champ de bataille et que le silence s'impose dans le campement, le chevalier fait détacher le vieilleux et l'invite à se nourrir et à se désaltérer. Mais aujourd'hui l'ancêtre ne veut ni manger ni boire.

— Je purifie mon corps par le jeûne, explique-t-il.

— Pourquoi ?

— Car l'heure vient de tout expier… la cité ne respire presque plus, et le puits écrasé de caillasse ne lui donne plus à boire… Des odeurs putrides se dégagent de ses entrailles… je sens la mort rôder… alors je te le dis chevalier, l'heure vient…

— J'ai le pouvoir de te sauver, dit Peyre.

— Quelle forfanterie ! Tu n'as aucun pouvoir sur moi… seul le Père Éternel…

Tel le sengler coursé par la meute, Peyre se sent pris au piège. Que peut-il, lui, contre le Dieu des Cathares ? Rien sans doute.

— Mais qu'a-t-il donc de si magnifique ton Dieu pour que tu l'aimes avec autant d'énergie ?

— Il est amour…

— Crois-tu en la trinité ?

— Certes chevalier, j'y crois…

— En Dieu le père, en Jésus et en l'Esprit ?

— Comme toi…

— Mais j'ai ouï dire que ton Jésus n'est pas fait de chair…

— C'est ce en quoi je crois… Jésus n'était qu'un esprit venu délivrer aux hommes son message d'amour…

— Alors, s'il n'était pas de chair selon toi, il n'est donc pas mort et n'a jamais ressuscité…

— Exact, comment un pur Esprit pourrait-il mourir ?…

Peyre, chevalier de Bourgogne élevé à l'ombre de la foi catholique ne trouve pas les mots pour répliquer. Il écoute…

— Dans cette ville que vous êtes en train de tuer au nom du Très Haut, de très nombreux frères attendent la mort. Ils l'espèrent même. Je ne sais quel traitement toi et tes semblables leur réserverez, mais sache qu'ils iront à leur fin en chantant…

— Peut-on haïr la vie de la sorte ?

-24-

Le vieil homme souffle longuement, comme pour chasser de son corps la pestilence de la colère. Il répond à Peyre, soldat de la sainte Croisade :

— Ils ne haïssent pas la vie, mais si on la leur prend, cela les satisfait, car ainsi ils échappent au malin…

Le seigneur de Cesnac voudrait bien aider ce vieillard sur lequel rien ne semble avoir de prise.

— Puisque tu sens ta mort venir, vieil homme, veux-tu communier et rallier la Sainte Église ?

— Communier ?

— Oui, recevoir en toi le corps du Christ…

Le visage du vieillard s'éclaire alors d'un vrai sourire.

— Crois-tu chevalier que ton Christ permettrait que l'on avale son corps et qu'on le mêle de la sorte à nos excréments ?

Peyre n'avait jamais vu les choses sous un angle pareil…

— Es-tu baptisé ?

— Baptisé à l'Esprit et non à l'eau… D'ailleurs, que fait un enfançon, lorsque l'eau lui est versée sur la tête ? Il pleure, car il la refuse… nous, nous ne baptisons à l'Esprit que les adultes qui le demandent… chez vous il n'y a guère de liberté, chez nous, c'est tout le contraire…

Devant le trouble visible de son geôlier, le Bonhomme entreprend alors de citer Jean, le Baptiste :

— Moi je vous baptise d'eau pour vous amener à la repentance, mais celui qui vient après moi est plus puissant que moi. Lui, il vous baptisera du saint Esprit et du feu. C'est lui, Jésus-Christ, l'élu de Dieu, qui baptise dans l'Esprit Saint.

Le Seigneur de Cesnac se prend de plus en plus dans les rets de l'infidèle. Il ne trouve rien à redire aux théories cathares qu'il considère frappées du sceau du bon sens. Bien sûr un enfant que l'on baptise ne peut refuser le sacrement ! Bien sûr que l'hostie ne peut être le corps du Christ, même sanctifiée.

Alors, plus les odeurs de pourriture envahissent son camp, plus il se sent coupable. De quel droit s'attaque-t-il aux frères du vieil homme ? Au nom de Jésus et de l'Église ? Mais peut-on tuer en leur nom ? Peut-on asservir une population et la déposséder ? Il ne le croit plus. Dieu permet-il que l'homme se transforme en loup ?... Ou alors...

— Es-tu bien certain que le Démon est le maître du monde ?

— Sors de ta tente, Peyre et regarde autour de toi, tu auras la réponse...

Le chevalier s'exécute et regarde les flammes qui s'élèvent de la cité martyre. Il écoute la nuit. Des râles effrayants écorchent les ténèbres, et une odeur de chair pourrie lui brûle les narines. Une femme pousse un cri de jouissance.

Maintenant il sait.

Depuis son arrivée sous les murs de Minerve, le saint homme n'a cessé de lui parler de la vraie religion. Il a interprété pour lui les évangiles : *« Quand Jean dit que le verbe s'est fait chair, cela signifie en réalité que le verbe envoyé par Dieu a pris l'apparence d'un humain. Et ça, c'est ce que dit également la vision d'Isaïe »*. Une fois ou l'autre, il a cité Paul, le disciple : *« Je dis, frères, que la chair et le sang ne peuvent pas hériter du royaume de Dieu, et que la corruption n'hérite pas non plus de l'incorruptibilité... »* Au sujet de l'opulence des monastères et des cathédrales, il a répété l'enseignement du Christ : *« Il n'est nul besoin d'église ou de synagogue pour communiquer avec moi »*.

Mais au moment où le Bonhomme a rapporté une des paroles de Jésus avec laquelle lui et son ost étaient en opposition manifeste, Peyre de Cesnac se sentit vaciller : *« Si tu veux accéder à la vie éternelle, tu ne tueras pas »*. Les mots de Matthieu, l'évangéliste, ont porté le coup de grâce : *« Aimez vos ennemis et faites du bien à ceux qui vous haïssent, et priez pour ceux qui vous persécutent… »* Toutes ces paroles et toutes celles encore qui décrivent la religion des purs, ont enfoncé, dans l'âme fragile de Peyre des pointes acérées.

*

La cité vient de capituler. Le chevalier Peyre de Cesnac comprend qu'il est grand temps pour lui de franchir la barrière.

— Frère, voicy plusieurs semaines que nous parlons, toi et moi… Maintenant que tu m'as instruit des choses de ton Église, je me sens prêt…

Il laisse s'installer entre eux un silence léger. Puis :

— Fais-moi entrer dans l'Église des purs, je t'en prie, fais-le…

Le vieil homme se montre surpris. Il ne pensait pas que de simples paroles avaient le pouvoir de transformer un loup catholique en agneau. Il lance :

— Tu sais bien des choses sans doute, mais

en quoi crois-tu au juste ?

— Je crois que Satan est le créateur, je crois qu'il s'incarne en chaque nouveau-né, je crois que l'âme peut revenir pour trouver la perfection… Je crois en ce Verbe d'amour que tu m'as fait adorer… Je crois aussi que les richesses et la violence sont viles, je crois que Christ n'était pas de chair, je crois que la violence est ennemie du Ciel… Mais il faut faire vite, car bientôt ils seront là…

Alors, le Bonhomme entreprend de consoler Peyre, son amy Peyre ! Son frère…

*

La file des suppliciés traverse le vaste plat qui précède la poterne. Un foyer est allumé dans un enclos. Ils sont près de deux cents que la mort appelle. Comme l'avait annoncé le vieux cathare, ils chantent des hymnes à la gloire de Dieu. La foule innombrable est désespérée. Elle est impuissante à sauver les bons chrétiens du supplice qui les attend.

Le vieil homme a demandé à Peyre la permission de rejoindre ses frères. Il marche près d'eux d'un pas lent. Il n'a pas peur. Il se souvient de l'accolade que lui a donnée le chevalier Peyre de Cesnac avant de le laisser partir à la rencontre de ses compagnons. Elle était remplie de tendresse et d'amour. Deux par deux les suppliciés sautent dans le bûcher, sans un cri de douleur, sans un regard à cette terre qui les a portés.

Le vieil homme sent une présence familière à ses côtés. Il reconnaît Peyre. Pourquoi le chevalier marche-t-il avec lui ? Et surtout, pourquoi a-t-il quitté son habit de soldat pour ce bliaud blanc qui le fait ressembler aux autres martyrs ? Il l'avait espéré et maintenant, c'est une réalité. Il a gagné une âme. Et quelle âme ! Il a rempli sa mission !

Ils montent ensemble la herse qui mène au calvaire. Ou bien au paradis…

Le chevalier de Cesnac songe à la promesse qu'il a faite à son père. Il ne va pas tarder à la tenir.

Avant de sauter dans les flammes, Peyre de Cesnac, chevalier de Bourgogne, fils de Philippe de Cesnac, s'entend encore dire : *« Je vous le promets, père, je vous le promets… »*

Il peut être fier et partir en paix, sa promesse, il l'aura tenue !

Le Catharisme

Petit précis, de ses origines, de ses croyances et de sa destruction

En 950 déjà, le Tsar de Bulgarie se plaignait auprès du Patriarche de Constantinople du succès d'une secte anticléricale fortement inspirée du Manichéisme – théorie développée par Manès au IIe siècle. Les membres de ces sociétés croyaient aux deux principes :

- celui du bien : Dieu ;
- celui du mal : le Diable.

Les premiers procès contre les sectes dualistes ont eu lieu au IIe siècle. On peut dater de cette époque les débuts du catharisme, même si le nom même de Cathare* n'avait pas encore été cité.

Partout sur notre continent, et particulièrement dans le Nord, on a vu des hérétiques brûler sur des bûchers, comme à Orléans en 1022, ou pendus comme à Goslar en 1052, ou encore lynchés tel qu'à Soissons en 1120.

** Cathare issu du grec Catharos signifie Pur*

Bientôt, ces théories s'amplifieront, prendront des formes différentes, généreront des groupes sectaires dont le Catharisme a été l'une des évolutions. Le midi de la France sera une terre accueillante à ces chrétiens d'un nouveau style qui seront tolérés – et même de plus en plus appréciés – et suivis par le petit peuple, mais également par les seigneurs et leurs Dames. Bien entendu, l'Église Catholique vit d'un œil hostile ces prédicateurs prêchant par l'exemple de la pauvreté et de la tolérance. D'autant que l'image qu'ils renvoyaient était littéralement opposée à celle des prélats catholiques, opulents, corrompus et souvent libertins.

Le Concile catholique de Tours (1163) veut doter la répression antihérétique d'une procédure canonique propre à éliminer l'arbitraire. En effet, avant cette date, les procédures à base de dénonciations, de calomnies et d'ordalie étaient en vigueur.

17 cardinaux, 124 évêques, 400 abbés se sont donc réunis pour traiter de la situation dans le Midi. En réalité, il s'agissait de poser les bases légales à l'éradication du « problème » cathare.

On va renouveler l'interdiction de receler des hérétiques – déjà en vigueur depuis le concile de Reims –, on va y ajouter l'interdiction de faire du commerce avec eux.

Il s'agira d'isoler les hérétiques et de les mettre

au ban de la société. On va même leur interdire toute possibilité de réunion publique. Mais pour cela, il faudrait des enquêtes étayées.

Il faut voir là les bases juridiques de la future inquisition.

Concile Cathare de Saint-Félix-de-Caraman

Le Catharisme qui se développait de façon inorganisée selon les pays, va se doter lui aussi d'une organisation commune et unifier les croyances. Un Concile Cathare réuni en 1167 à Saint-Félix-de-Caraman dans le Lauragais, sera cet acte fondateur.

Là, tout ce que le monde comptait de Cathares de toutes influences se rassembla. Nicétas – le plus grand dignitaire cathare, évêque de Constantinople – avait réuni autour de lui tous les responsables de la croyance Cathare. Le but de ce concile était d'organiser l'Église Cathare du midi, et de lui faire prendre une orientation théologique définitive.

Car jusque là il y avait deux écoles : le dualisme mitigé et le dualisme total. Le premier reconnaissait deux principes, mais ne prêtait pas au Diable l'éternité et le présentait comme un ange dévoyé. Le second, au contraire, reconnaissait au Diable le principe d'éternité et en faisait une véritable entité divine nommée comme créatrice de toutes choses. Les Occitans vont opter pour un dualisme total qui consommera ainsi de façon ferme et définitive la rupture avec l'Église Catholique.

Pour les Catholiques, Dieu créa le ciel et la terre, pour les Cathares c'est le Diable qui a créé le ciel et la terre…

Quatre diocèses sont créés, celui de Toulouse, celui de Carcassonne, celui de l'Agenais et celui de l'Albigeois.

Croyances

Comme précisé plus haut, les Cathares croyaient en l'existence des deux principes, celui du bien, et celui du mal. Mais la différence fondamentale avec le catholicisme était qu'ils prêtaient au Diable – à l'esprit mauvais –, l'œuvre de création. Il en ressortait que pour eux toute chose matérielle ou humaine, toute forme de vie était d'essence diabolique.

Ils avaient la certitude que Dieu n'intervenait pas dans les affaires humaines – l'homme étant comme nous l'avons vu, une création du Diable. Cela explique qu'ils ne se révolteront pas contre Dieu lorsque la croisade catholique déferlera sur le midi et tentera de les éradiquer.

Ils refusaient les sacrements catholiques et particulièrement le baptême des enfants. Leur admission au sein de l'Église Cathare ne pouvait être que fruit de la volonté humaine. Volonté dont n'était pas capable un nourrisson.

Selon leur dogme, la domination de Satan n'était pas éternelle, car il ne maîtrisait pas l'esprit. Il ne pouvait asseoir sa domination que sur les corps et la matière, même si en tant qu'entité, les Cathares lui prêtaient l'éternité, au même titre qu'à Dieu.

Autre divergence avec les catholiques, ils croyaient en la possibilité de se racheter en revenant sur terre sous forme humaine ou animale. En cela, ils se rapprochaient du Bouddhisme et de la métempsychose. Pour eux, une vie de débauche ne menait pas forcément à l'enfer, mais donnait la possibilité de se racheter.

La nature du Christ les opposait également aux catholiques. En effet, pour les cathares, il n'était pas de chair, mais d'esprit, seulement venu sur terre pour délivrer un message. Il ne s'est pas incarné, mais a pris l'apparence humaine. Ainsi, ils ne croyaient pas à sa passion, ni à sa mort – un esprit ne peut mourir. Il en découlait que pour eux, la résurrection n'avait jamais existé. La croix n'était donc pas un symbole cathare. Il n'y avait d'ailleurs aucun symbole ni représentation cathare, puisque selon leur croyance, la matière était de nature diabolique.

Dans cette croyance, le Baptême de l'Esprit, donné par l'imposition des mains et qu'ils nommaient « *consolamentum* », était la seule manière de créer un passage entre le corps bassement matériel et la source divine.

La catastrophe finale n'existait pas. Pour eux point d'apocalypse, puisque la destruction de l'humanité – si elle devait avoir lieu – se ferait peu à peu, au rythme des conversions, par la non-fornication. Car chaque nouveau-né était un réceptacle pour le diable. Point de nouveau-né, point de possibilité pour le diable d'exister. Un enfant qui ne naissait pas, c'était une victoire sur le mal.

Les Cathares refusaient également le mariage et le concubinat, car la relation sexuelle était censée donner naissance à un enfant, et donc, ainsi que nous l'avons vu, à une possibilité d'incarnation pour le Diable. À ce sujet, la règle Cathare était stricte. La proximité homme-femme n'était pas proscrite, seul le contact physique l'était. On imagine bien que dans ce monde médiéval dépeint comme plutôt avide de libertés nouvelles, l'arrivée du Catharisme avait dû être un choc.

Ils croyaient en l'idée que les animaux aussi avaient une âme – c'est pour cela qu'ils refusaient de les tuer et de les consommer. D'ailleurs, l'homme pouvait racheter sa vie mauvaise en s'incarnant dans un autre corps, humain ou animal. Il était donc strictement interdit de consommer de la viande, puisque l'animal pouvait abriter l'âme d'un parent, d'un ami ou d'un fils.

Ils se conformaient au Nouveau Testament et refusaient l'Ancien Testament.

Deux catégories cohabitaient chez les Cathares :

• Les purs ou « bonshommes » – bonnes femmes –, qui se conformaient aux règles de la religion. Ils avaient reçu le *consolamentum* après un an de noviciat.

Ils jeûnaient trois fois par an – la première et la dernière étaient très rigoureuses, au pain et à l'eau –, ne mangeaient pas de viande, pratiquaient la continence.

• Les croyants qui avaient la foi, mais qui ne respectaient pas les exigences de la vie religieuse. Ils pouvaient se racheter au moment de leur mort en demandant d'être admis dans l'Église des Purs. Mais pour cela, il fallait qu'ils aient encore leur entendement et la parole, afin de pouvoir répondre à l'officiant.

Leur repas était composé d'huile d'olive, de pâté de poisson – car ils croient le poisson né de l'eau et non du coït –, de pain bénit – qu'ils mettaient dans un chiffon blanc attaché à leur cou et levaient au-dessus de leur tête –, de vin coupé d'eau, de noix et d'amandes.

Rites et cérémonies

Le Meilhorer (salutation) : Le croyant s'inclinait par trois fois et disait : « Bons Chrétiens, la bénédiction de Dieu et la vôtre » puis il ajoutait : « Bons chrétiens, priez pour le pécheur que je suis ». Sa prière ne s'adresse pas à Dieu, mais passe par l'intermédiaire des bonshommes.

L'Aparelhament ou servici : Cérémonie de pénitence collective administrée une fois par mois par le diacre au sein des communautés religieuses cathares.

Le Consolamentum : Unique sacrement cathare. À la fois baptême, pénitence, ordination, extrême-onction, il s'administrait par imposition des mains. C'était le baptême de l'esprit.

Les écrits : Ils donnent une image de la vie du simple croyant, assez proche de celle d'un fidèle catholique. Incités à se conduire comme de bons chrétiens, les croyants saluaient par une triple génuflexion – le *meliorament* –, et assistaient aux prêches, voire aux cérémonies toujours collectives, comme le *consolament*. Le *consolament* était un véritable baptême délivré en deux occasions, soit lors d'ordination des nouveaux prêtres – réservée aux novices, hommes et femmes, croyants depuis au moins un an –, ou alors aux croyants qui le demandaient à l'article de la mort. Pendant une période probatoire fixée à un an, le novice pouvait ainsi s'entraîner aux abstinences rituelles assez rigoureuses. Concrètement, il se mettait à genoux, une main sur le livre des évangiles, faisait la promesse d'adhérer à la foi Cathare en déclarant accepter la règle de l'abstinence. Il recevait ensuite d'un bonhomme la consolation, une simple imposition des mains.

Les abstinences rituelles : Continents, abstinents, végétariens, non-violents, pauvres, entraînés à la parole publique, à la prédication, instruits des textes sacrés, les Cathares parcouraient les routes. Le bonhomme devait respecter l'abstinence, s'abstenir de tout rapport sexuel, de consommer de la viande, des œufs, du lait – le poisson était curieusement autorisé comme précisé plus haut –, il devait respecter trois carêmes de quarante jours chaque année avec certains jours un jeune renforcé n'autorisant que le pain et l'eau. Les bonhommes devaient vivre à deux et travailler, posséder leurs instruments de cuisson et les laver cinq fois. Il leur était interdit de prêter serment et de jurer.

La salutatio : Consistait à prendre le bonhomme dans ses bras et à l'embrasser sur le visage.

La Convenenza : C'était un sacrement administré à un individu vivant et même en pleine forme. Une sorte de préparation qui avait fait son apparition au commencement de la guerre. Les soldats morts au combat et qui auraient voulu de leur vivant être acceptés dans l'Église cathare, ne le pouvaient pas. Là, ils avaient la possibilité, par l'entremise de la Convenenza, de recevoir le Consolamentum même une fois morts, ou après avoir perdu la parole.

L'Endura : Mot occitan signifiant « jeûne ». Celui-ci était volontaire. L'Endura n'était cependant pas obligatoire et elle ne constituait nullement une particularité cathare. Elle avait servi aux opposants à présenter le Catharisme comme une doctrine cruelle et antisociale.

Jeûnes : Les consolés s'astreignaient à trois grandes périodes de jeunes par an, plus un jeune tous les deux jours.

Le Notre Père Cathare : Différent de celui des catholiques en ce sens qu'il parle de pain supersubstantiel. Et c'est là que la divergence est importante, car si chez les catholiques le pain est nourriture quotidienne, objet qui rassasie, chez les cathares, c'est un pain de connaissance, c'est la nature même de l'enseignement.

Voici la prière telle que la récitait les Cathares :

« Notre Père qui êtes aux cieux, que votre nom soit sanctifié ; que votre règne arrive. Que votre volonté soit faite sur la terre comme dans le ciel. Donnez-nous aujourd'hui notre pain supersubstantiel. Et remettez-nous nos dettes comme nous les remettons à nos débiteurs. Et ne nous induisez pas en tentation, mais délivrez-nous du mal. »

Parfaits ? Bonhommes ?

Le vocable parfait habituellement utilisé pour parler des religieux Cathares consolés n'était pas dû aux Cathares eux-mêmes, mais plutôt aux catholiques qui se moquaient ainsi du mode de vie, trop irréprochable à leur goût de ces croyants. Entre eux, les Cathares se nommaient « bonhomme », « bonne femme », « bon chrétien », « bonne chrétienne ».

Hommes/femmes... l'égalité ?

Dans la religion Cathare, la parité était de mise. La femme avait les mêmes droits que l'homme, elle pouvait être consolée et assurer elle-même la célébration de cérémonies. Elle était vénérée au même titre que les hommes. Certains auteurs pointent une limite à cette égalité en assurant que le *consolamentum* délivré par des femmes n'avait pas une valeur similaire à celui délivré par les hommes, puisqu'il ne permettait pas au récipiendaire de consoler à son tour. Il n'en reste pas moins que la présence massive des femmes dans l'Église Cathare a été un des facteurs de son développement. C'était pour elles une excellente manière de s'éloigner du carcan conjugal auquel elles étaient confrontées quotidiennement. Les seigneurs ont souvent été obligés de suivre la même voie que leur épouse.

Croix Cathare ? Musique Cathare ? Châteaux Cathares ? Gastronomie Cathare ? Chevaliers Cathares ?

Rien de tout cela n'est correct. Comme nous l'avons vu, les Cathares n'adoraient rien de matériel, ni croix, ni représentation divine, ni saints. Ils n'étaient pas des bâtisseurs – puisque la matière est diabolique –, et les fameux châteaux cathares, s'ils ont bien vu passer quelques uns de ces « bons chrétiens », ne leur doivent rien en matière de construction. La plupart sont d'ailleurs d'origine romaine, c'est-à-dire très antérieurs à l'implantation du Catharisme dans les provinces du Sud. Il en va de même pour la musique dont ils ne s'inquiétaient guère. Leur musique était surtout composée des litanies récitées en plein vent. Quant à la gastronomie, elle n'existe que dans la tête de quelques restaurateurs. Nous avons vu de quoi était composé le repas cathare, on a du mal à le voir servi sur une table gastronomique… Les chevaliers cathares… en soi, l'appellation est un non-sens, car les Cathares étaient des pacifistes. Il leur était interdit d'attenter au corps, celui d'autrui ou le leur. Pourtant, lors des sièges, et particulièrement celui de Montségur, on a assisté à quelques conversions de chevaliers. La *convenanza* en a attiré beaucoup, dans les derniers jours de la citadelle.

Sources de la connaissance

On connaît les Cathares grâce à un certain nombre de textes :

• **La Bible cathare** : Une Bible cathare, en occitan du début du XIIIe siècle, est conservée à la Bibliothèque municipale de Lyon. Elle se compose du Nouveau Testament complet.

• **La Cène secrète** : Composé au tournant des XIe et XIIe siècles, cet apocryphe bogomile d'origine slave présente le dialogue lors d'une cène secrète, entre l'apôtre Jean et le Christ.

• **Le Livre des deux principes** : La chute des anges, la création du monde et de l'homme, la venue du Christ y sont abordés. Seul un abrégé de ce traité polémique de théologie est conservé à Florence. L'auteur s'est fondé sur les Écritures, sur certains écrits d'Aristote et a utilisé la scolastique pour démontrer l'existence de deux principes distincts et coéternels.

• **Le Traité Cathare anonyme** : Il s'agit d'un

recueil de citations scripturaires commentées, à l'usage pastoral d'un dualisme chrétien.

• **Les rituels de Lyon et Florence** : Copiés, l'un en occitan après la Bible de Lyon, l'autre en latin après le Livre des deux principes, ces rituels fragmentaires décrivent les pratiques liturgiques cathares.

• **Le rituel de Dublin** : Copié en occitan après 1375, ce fragment de rituel se compose du Traité de l'Église de Dieu, sermon de l'évêque au postulant lors du *consolament* et d'une glose du Pater.

• **Les registres de l'Inquisition** : Écrits sur des bases juridiques, ces carnets retracent les interrogatoires des populations suspectées d'hérésie. On peut ainsi, comme l'a fait Emmanuel Leroy-Ladurie pour Montaillou, retracer les croyances, les déplacements, le mode de vie, les mœurs, les habitudes de communautés paysannes au contact des Cathares, et de les situer par rapport aux croyances Cathares, mais aussi face à l'Église et à sa hiérarchie.

La société médiévale : Les changements d'alliances et les mariages successifs n'ont pas manqué de transformer les provinces du Sud. Les habitants de Durban par exemple dépendaient du seigneur Bernard de Durban, issu d'une grande famille. Il était uni avec bien des seigneurs prestigieux : les Belpech, les Cucuroux, les Mirepoix, les Péreilhes, les Massabrac, les Cabaret, les Aragon, les Peyreperthuse, il était vassal de Trencavel, par conséquent.

Trencavel lui-même, qui possédait Béziers, Carcassonne, Lombers, Albi, Limoux, rendait hommage au Comte Raymond VI de Toulouse, sauf pour le Carcassonnais qui dépendait, lui, du royaume d'Aragon.

Les provinces du Midi en avance sur leur temps ?

Il faut intégrer que dans les provinces du Sud, le droit d'aînesse avait déjà été aboli. Ce qui a contribué, par le morcellement, à l'affaiblissement de la puissance féodale. Pour bien comprendre que le Sud était largement en avance sur les provinces du Nord, il suffit de se souvenir qu'à Toulouse les consuls étaient élus. Toutes les religions y prospéraient : Juive, Cathare, Catholique, Vaudoise… C'était une terre d'accueil !

Les personnages et les complications de « l'hommage » :

• Fils de Raymond V et de Constance de France, Raymond VI possédait un vaste comté qui comprenait Toulouse, Marmande, Cahors, montait jusqu'au Gévaudan, descendait jusqu'à Lodève. Il était très riche et possédait également le comté de Melgueil.

Il était le suzerain (supérieur) du comté Trencavel, du comté de Foix, du marquisat de Provence, dont la partie méridionale lui appartenait en titre, du vicomté de Narbonne, du duché de Narbonne compris entre le domaine Trencavel au sud et la rivière Ardèche au nord.

Il était également le vassal (inférieur) du roi de France Philippe Auguste, sauf pour Melgueil qui dépendait du Vatican, et la partie nord du marquisat de Provence pour laquelle il rendait hommage au Saint-Empire Germanique. Il s'était marié cinq fois : en 1173, avec Ermesinde Pelet, en 1175 avec Béatrice de Béziers, en 1195 avec Bourgogne de Chypre, en 1196 avec Jeanne Plantagenet avec laquelle il a eu le futur Raymond VII, en 1202 avec Éléonore d'Aragon.

• De son côté, Pierre II d'Aragon possédait, en plus des régions espagnoles, le Roussillon, Montpellier, le comté du Gévaudan, et le comté de Provence – région côtière.

• Le pape Innocent III a été élu en 1198, en remplacement de Célestin III, décédé. C'était un théologien juriste, issu d'une famille noble et puissante. Rapidement, il chercha à imposer la primauté de l'Église sur les princes régnants.

Il utilisa pour cela l'arme de l'excommunication. C'est lui qui, excédé par la montée en flèche de l'hérésie cathare, demanda aux évêques de lever une croisade contre les Albigeois. La première en terre chrétienne !

Innocent III nomma Arnaud Amaury chef des légats pontificaux, auquel il adjoignit Pierre de Castelnou et Raoul de Fontfroide. Là, à ce stade, on assista à un ballet étrangement moderne de diplomates. De chaque côté, on essayait d'éviter l'irréparable.

En 1207, suite à la conférence contradictoire de Montréal ayant opposé Vaudois, Cathares et Catholiques, Pierre de Castelnou, légat du pape, demanda à Raymond VI de prendre la tête de la ligue de la paix destinée à chasser les cathares. Devant le refus de Raymond VI, Pierre de Castelnou l'excommunia et en avertit le pape, lequel menaça de le priver de ses droits sur ses terres. Puis Innocent III en appela au roi de France, afin qu'il se mobilisât contre les hérétiques. Mais Philippe Auguste était en guerre contre Jean Sans Terre, et il ne pouvait se battre sur deux fronts.

Le 14 janvier 1208, Pierre de Castelnou fut assassiné en traversant le Rhône, aux environs de Saint-Gilles (ville vassale de Raymond VI). Le comte de Toulouse fut suspecté – l'histoire retient que l'assassin était un vassal de Raymond VI, mais rien n'est prouvé.

C'est la goutte d'eau qui fit déborder le vase.

Le 10 mars 1208, Innocent III lança son appel à la croisade.

Mais quelles sont les vraies raisons qui poussèrent Innocent III à lever la fameuse croisade contre les Albigeois ?

- Le développement extrêmement rapide de l'hérésie ;
- Les insistances des bonhommes afin que ne fût pas payée la dîme ;
- L'influence de la contre-Église sur les seigneurs ;
- Le rejet de plus en plus net des prélats catholiques par le peuple ;
- La rupture dogmatique consommée entre catholiques et cathares, rupture qui s'est bien marquée suite au concile Cathare de Saint-Félix-de-Caraman – aujourd'hui Saint-Félix-de-Lauragais – en 1167, au cours duquel on a opté pour le dualisme total, et qui a aussi organisé l'Église Cathare en quatre diocèses.
- L'assassinat du légat du pape : Pierre de Castelnou.

Devant le refus de son neveu Trencavel de s'unir à lui pour défendre ses terres, Raymond VI vola au-devant d'Arnaud Amaury le légat du pape pour lui demander d'intercéder en sa faveur auprès d'Innocent III. Devant les exigences du légat, Raymond VI envoya une ambassade à Rome pour plaider sa cause. En vain. Il dut donc se soumettre aux légats. Sept de ses châteaux de Provence furent légués à l'autorité de l'Église.

Le 18 juin 1209, Raymond VI fut réconcilié avec l'Église. Torse nu et devant tout le peuple de Saint-Gilles – à quelques pas du tombeau de Pierre de Castelnou –, il fut flagellé, après avoir prêté serment sur les évangiles. Par ce serment, Raymond pensait protéger ses terres du Toulousain. Il se trompait ! Mais le plus grave, c'est qu'il promettait, lui aussi, de prendre la croix contre ses propres sujets.

Puis la croisade déferla sur les contrées du Sud.

Le 21 juillet 1209, elle arriva devant Béziers. C'est Arnaud Amaury – Amalric – qui en était le chef. Quel choc pour les défenseurs quand ils virent sous leurs murailles les couleurs de Toulouse !

Le 22 juillet 1209, après une stupide erreur tactique, la ville de Béziers fut envahie, brûlée et la population massacrée : plus de 10 000 morts !

C'est sous les murs de Béziers qu'Arnaud Amaury aurait prononcé la fameuse phrase : « Tuez-les tous, Dieu reconnaîtra les siens ». Mais rien n'est bien sûr. La chronique de la croisade a été écrite 40 ans plus tard, et a pu être quelque peu romancée. Souvenons-nous qu'Amaury était un religieux. D'autres sources lui prêtent des intentions différentes. Lorsqu'on lui aurait demandé comment on allait faire pour trier les cadavres Catholiques des cadavres Cathares pour leur inhumation, il aurait répondu : « Enterrez-les tous au même endroit, Dieu reconnaîtra les siens ». Cette thèse semblerait plus conforme à son statut.

Carcassonne

Béziers soumis, le 1er août 1209, les croisés arrivèrent devant Carcassonne.

Le 4 août 1209, la venue de Pierre II d'Aragon – suzerain de la ville –, donna de l'espoir aux habitants. En fait, il venait en petit équipage, seulement pour tenter une médiation.

Trencavel refusa de se rendre. Les hostilités reprirent.

D'autres négociations eurent lieu, mais en réalité on tendait un piège à Raymond Roger Trencavel.

Il obtint que ses habitants soient graciés, mais ils devraient quitter la ville, nus et sans bagages. Le Vicomte, lui, serait retenu en otage. La Vicomtesse Agnés, l'épouse de Raymond Roger se joignit à la foule.

Du côté des vainqueurs, il fallait se choisir un

véritable chef de guerre. Après de nombreux refus de chevaliers en vue, Simon de Montfort – dont la vaillance avait été signalée –, fut désigné.

Le 10 novembre 1209, la terrible nouvelle tomba : Raymond Roger Trencavel venait de mourir dans sa prison de Carcassonne.

Il entrait ainsi dans la légende.

Au cours d'une entrevue à Montpellier – on ne sait qui en fut l'instigateur –, entre Agnès – la veuve de Trencavel –, le roi d'Aragon, Pierre II et Simon de Montfort, l'épouse du défunt fut dépossédée de sa Vicomté en échange d'une somme de 25 000 sols melgoriens, accompagnée d'une rente annuelle de 1 000 sols – juridiquement, l'acte de dépossession ne valait rien puisque l'héritier pouvait en contester la validité.

(cf : *Le retour du Rebelle,* roman historique de Bernard Mahoux qui parle justement du retour de l'héritier Trencavel à l'âge de 18 ans, après 10 ans d'exil à Barcelone, et des relations qu'il entretint avec sa mère, puisqu'il en fut séparé à l'âge de 8 ans – elle refusa de le prendre avec elle à Montpellier, pour des questions « de sécurité »)

Simon de Montfort demanda à Pierre II d'accepter sa vassalité pour les Comtés Trencavel – c'était une ruse, car en cas d'acceptation, Pierre II devait protection à Simon de Montfort, ce qui le faisait entrer dans le camp des croisés.

Mais Pierre II se méfiait des ambitions du

nouveau Vicomte. À ses yeux, il était devenu un véritable usurpateur.

Minerve

Minerve, réputée imprenable, était un véritable nid de cathares. La ville entière tournait autour de cette religion, tant sur le plan spirituel, qu'économique. Les religieux y tenaient moult ateliers. Après Carcassonne et Béziers, tombés relativement facilement, Minerve semblait être une proie autrement plus coriace. Protégée par deux rivières la Cesse et le Brian, elle était entourée de hautes murailles et alimentée en eau par un puits extérieur relié à la ville au niveau des courtines par un escalier fortifié.

C'est l'arrivée sur place d'un mangonneau de grande taille, bien nommé « La Malvoisine », qui décida du sort du siège. Le puits fut rapidement rendu inutilisable, et la pluie de boulets qui s'abattit sur la ville, ne tarda pas à la faire capituler. Le manque d'eau, les maladies, la pénurie de nourriture eurent rapidement raison de la résistance des habitants.

Cette première année de croisade avait été terrible pour le Catharisme qui avait subi, à Minerve, son premier bûcher important.

Le reste fut une succession de défaites, puis une tentative de reconquête par les enfants des battus de la première année. Il y eut Muret où les croisés, à un contre dix, auraient dû être anéantis. Mais la guerre est un art étrange, et la coalition du midi, nombreuse, mais indisciplinée, subit une terrible défaite, avec à la clef, la mort de Pierre II d'Aragon. C'était le début de la fin.

Simon de Monfort fut tué par un boulet – tiré par des femmes dit la légende –, mais la croisade allait changer de chef sans perdre de son efficacité.

Montségur était en vue…

La dernière citadelle perchée sur un pic – appelé « pog » –, avait la réputation de n'avoir jamais été prise. Elle le fut au bout d'un long siège de plusieurs mois. Ce fut le dernier acte d'une présence Cathare dans le midi. Et si tous les bonhommes ne se trouvaient pas sur le pog au soir de la reddition, les forces vives de la religion avaient disparu. L'Inquisition se chargea de chasser et de détruire les derniers ressortissants d'une religion qui prêchait la paix, l'amour et la continence.

Cent ans après, Bélibaste, un lointain descendant de cette lignée de croyants, fut brûlé à Villerouge Termenés. Il était le dernier des bonhommes !

Aujourd'hui, certaines résurgences semblent se faire jour. Mais le Catharisme dans sa forme la plus pure est-il encore possible ? Peut-on, à l'heure de l'hyperconsommation, à l'ère du téléphone portable et des ordinateurs, faire revivre ces croyances ? Le mode de vie des Cathares est-il transposable ? Impossible à grande échelle. Les tentatives louables de réhabilitation ne peuvent que proposer un Catharisme adapté à notre siècle, et donc fort éloigné de ses racines.

Le Catharisme restera une belle idée, un bel exemple pour nous, un souvenir cruel…

Mais n'oublions pas que c'est à la mort du Comte de Toulouse que les provinces du Sud tombèrent dans l'escarcelle du roi de France, et que notre pays se constitua avec ses frontières actuelles. L'Histoire ne retiendra que cela !

Tâchons de ne pas laisser tomber dans l'oubli cette belle aventure, le sacrifice de milliers d'hommes et de femmes liés entre eux par l'amour de Dieu.

LE TROUBAMOUR

Au cours d'une passionnante documentation historique, je suis tombé sur l'aventure de ce petit troubadour occitan.

Lorsque Raoult fut introduit auprès de la belle Arpaïx, lorsque, de la demoiselle, il entrevit le délicieux visage, il ignorait encore à quel point sa vie s'en trouverait changée. Vêtue d'une longue robe de lin ornée de seyantes guipures, et recouverte d'un voile aussi léger qu'un brouillard de printemps, elle l'attendait piétée près de la fenêtre à meneaux. Les lourdes odeurs du causse envahissaient la pièce, et Raoult s'en rassasia. La lavande aux parfums fleuris, les genêts suaves, les fenouils anisés, la ballote aux exhalaisons de suie, insinuaient en son esprit maintes images de son passé. Des étages inférieurs montait une longue litanie cathare, hymne à ce Dieu qu'il n'avait jamais rencontré. D'autres bruits venaient à ses oreilles : le pas des soldats sur la calade, le cri d'un bonimenteur, le rire d'un arbalétrier. Arpaïx ne ressemblait pas aux autres gourgandines, et c'est pour cela qu'il l'aima. Que dis-je, qu'il l'adora. Quelque chose en lui s'enclencha. Pour elle, il eut cette attirance rare, que seuls connaissent les vrais amoureux. Ce visage d'albâtre, cette gorge saturant le tissu, cette chevelure noire qui caressait les reins, se gravèrent au plus profond de son être… Elle ordonna :

— Chante, troubadour, chante !

Lors, il prit sa viole, et jouant, inventa ces quelques vers :

Le jour où je vous vis Dame premièrement
Quand il vous plut de me laisser vous voir
Je séparais mon cœur de toute autre pensée
Et furent fermes en vous tous mes désirs
Ainsi, vous avez mis Dame en mon cœur l'envie
Par un doux rire et par un simple regard
Moi et ce qui existe vous m'avez fait oublier.

Elle but sans un geste l'attachante poésie, heureuse d'avoir semé dans le cœur juvénile d'un si beau garçon cette graine d'amour. Depuis qu'elle vivait ici en la belle cité de Minerba, auprès de son cousin Guilhem, elle avait connu moult compagnons, guerriers, veneurs ou fils de bonne naissance, mais de galant véritable, jamais ! L'instrument vibrait pour la belle, et la belle se laissait transporter. Ému par cette « améthyste » unique, le petit troubadour la caressait des yeux. Désormais, son cœur avait trouvé sa route, et il se promit de clamer sans cesse à la face du monde son incontestable passion. Las, lui qui ne possédait que son art et sa flamboyante jeunesse, ne pouvait rien obtenir d'autre que le droit d'aimer.

Pourtant, un jour, tandis qu'il se lamentait en observant la plaine alanguie à ses pieds, la belle le rejoignit sur la terrasse. Admirable ! Près de la poterne de l'ouest, un « bonhomme » cathare prêchait la « parole » à des villageois attentifs. Mais, dans le cœur du troubadour, il n'était de soumission qu'à la douce Arpaïx… Elle lui demanda :

— M'aimes-tu Raoult ? »

— Plus que ma propre vie, Dame !

— As-tu mal de moi ?

— J'ai grande joie de vous aimer, mais bonne douleur de ne pouvoir vous approcher.

Une larme coula sur la joue de l'aimée.

— Chante pour moi amy, chante pour moi, je te prie, implora la divine.

Lors, le petit troubadour exprima sa ferveur, en un verset écrit spécialement pour elle :

La grande beauté la conversation agréable
Et les courtoises paroles et l'amoureux accueil
Que vous avez su me faire m'ont prit ma raison

Depuis ce jour Dame je ne l'ai retrouvée
Je me rends à vous homme ne peut aimer mieux.

Anxieuse, la belle scruta les alentours. Assurée de n'être point espionnée, elle s'agenouilla sur la pierre tiède et fit à l'artiste un déchirant aveu :

— Raoult, je vais partir, mon père me réclame auprès de lui en son castel pour me donner en épousailles à son vassal. Mais ne sois point triste amy, mon cœur t'appartient, et moi aussi je t'aime. Un jour on se retrouvera... Un jour je serai tienne...

Éperdu, le pucelet ne sut rien faire que chanter en se désolant, ces vers sortis du tréfonds de son être :

Aucune souffrance ne me fait peur
Pourvu que je puisse croire en ma vie avoir
De vous Dame quelque jouissance

Et le coulis de ces mots fit larmoyer Arpaïx.

Lorsqu'elle referma derrière elle la lourde porte de bois, Raoult comprit que son cœur aurait grand-peine, et que, malgré la promesse de lendemains plus heureux, il devrait s'acoquiner avec Dame patience. Lui aussi, il partit sur les routes de sa très chère Occitanie, où, se produisant dans les châteaux et sur les places de marchés, il contait son histoire. Sans cesse lui revenait la sublime promesse : *Un jour on se retrouvera... Un jour je serai tienne*… Et il la voyait partout sa dulcinée, au coin d'un bois, sur la courtine d'un castel. Las ! sitôt qu'il la voulait saisir, l'image s'effaçait, et il n'embrassait rien d'autre que le vent. Toutes les nuits, il rêvait à son Arpaïx, de baisers la couvrait, des serments lui faisait, des enfants lui donnait. Pour elle, en songe, il parcourait le monde, devenait un conquérant ou bien un croisé, un seigneur d'une contrée merveilleuse où l'amour valait mieux que les autres richesses. Et plus le temps passait, plus l'amour se faisait formidable. Mais que pouvait-il espérer lui, le pauvret, sans armes et sans passé ? Pour mériter sa bien-aimée, il tenta bien de manier l'épée. Hélas, il n'était pas fait pour la chevalerie. Entre ses mains, la lame récalcitrait, et s'il tentait de tournoyer, on se riait de lui. Alors, il continuait sa route, questionnant sans relâche les baladins rencontrés au hasard des chemins. On lui répondait que la Dame de ses pensées ne paraissait guère s'ennuyer de lui, qu'elle vivait en intelligence avec son époux, qu'elle le servait, docile et amoureuse. Accablé, Raoult offrait à la nuit ses larmes et sa détresse :

Souvenez-vous s'il vous plaît de la bonne promesse
Que vous m'avez fait à la séparation connaître
Dont j'ai eu alors le cœur gai et joyeux
Pour la bonne espérance
En laquelle vous m'avez ordonné de rester
J'en ai grande joie même si maintenant le mal s'aggrave

Et j'en aurai quand il vous plaira encore
Dame bonne car je suis en l'espoir.

Il vécut en traîne-misère Raoult, sans fortune et sans amour. De femmes, il n'en connût point. Ses jours se déroulaient sans éclat, et de l'aimée il ne recevait que d'affligeantes nouvelles. Mille fois il voulut mourir, mille fois il y renonça, car au sein de ses délires, une voix entretenait en son cœur une lueur d'espoir : *Un jour on se retrouvera... Un jour je serai tienne…*

*

Un matin, revenu dans une Minerba dévastée par les croisés du pape, saccagée et emplie de putrides odeurs, il monta au château. La fumée d'un attristant bûcher empuantissait la campagne. On racontait que les armées catholiques avaient enseveli les courtines sous des monceaux de pierraille. On disait aussi que les fidèles de cette étrange religion cathare s'étaient jetés dans les flammes en chantant. Raoult les admira. Dans les venelles jonchées de détritus et de cadavres, il n'était que tristesse et abattement. Des soldats portant la croix saccageaient les maisons. Les routiers avinés forçaient des filles fatiguées au regard perdu. Des vautours s'abattaient pour dépecer les morts.

Minerba s'était rendue et Montfort la saignait.

Un serviteur amena Raoult dans une chambre basse où régnait une froide ambiance. Là, stupéfaction ! Il reconnut son Arpaïx ! Certes, le temps l'avait marquée – dix années s'étaient écoulées déjà depuis la sublime promesse –, mais de la beauté qui fut la sienne, elle avait conservé l'essentiel. D'ailleurs qu'importait, il l'aimait tant !

— J'ai souventes fois pensé à toi, à tes chansons, à ta tendresse, las je suis fille de Seigneur, et c'est un puissant que ma parentèle réclamait pour moi. Qui sait ce qu'il adviendra de nous, notre race est abattue, notre fierté sous le boisseau. Je suis brisée, la maladie me ronge, et à cause de l'horrible croisade nombre des miens ont péri. Va et pense à ton Arpaïx, elle en a tant besoin.

Le troubadour s'apprêtait à verser les dernières larmes de son corps, quand la Dame le rappela : — Viens, viens, approche-toi, et offre-moi un baiser.

Lors, il lui donna la plus précieuse étreinte qu'elle eut jamais, et dans laquelle il déversa le sel de ses longues nuits de désirs contenus. Arpaïx en fut toute retournée et, sur sa bouche, cet effleurement s'inscrivit comme le plus suave, le plus sincère de sa vie. Puis, elle conduisit la main du poète sur le haut de sa gorge, en une exquise promenade au milieu des collines de tendre chair. Il visita aussi une vallée enchanteresse, siège d'inégalables douceurs. Goûta à cette peau parfumée à la rose. Découvrit des trésors qu'il avait cru à jamais interdits. Et de ce souffle saccadé, de ces mots étouffés que lui murmurait la bouche adorée, Raoult retira le plus intense des bonheurs.

L'âme régalée, le troubadour du Minervois chantonna pour les oiseaux du chemin :

Moi je me réjouis et me récrée
D'une joie d'amour que j'ai au cœur
Dont s'est un doux désir développé
Toute autre joie m'est un oubli.

Enfin, il l'avait eue son étreinte ! Oui, il l'avait eue, et ce contact merveilleux constituait désormais son plus somptueux patrimoine. Sa fortune. Son héritage.

Présent de l'aube au crépuscule, le souvenir de ces attouchements délicats combla sa vie de vives émotions, et la lumière s'alluma dans la ténèbre de ses nuits vouées à Arpaïx. Jamais il ne la revit. Pourtant, toujours il continua de l'aimer. Jusqu'au bout du temps, jusqu'au bout des âges. Jusqu'au jour où, par peur que le temps n'effaçât la belle de sa mémoire, il sauta avec ses frères, dans un foyer infâme qui brûlait dans un pré, au pied de Montségur…

P.S. : Le texte de la chanson est extrait des poésies de Guilhem de Cabestany, troubadour occitan du treizième siècle.

Plus de livres sur : www.tdo-editions.fr
Commandez en ligne sur le site et bénéficiez de 5% de remise avec le code promo :**TERROIR66**

T.D.O Éditions, SARL
tous droits réservés
Composition, mise en page : TDO Éditions
ISBN : 978-2-36652-012-5

Dépôt légal Mars 2013
Ré-impression Février 2014 en France
Sur les presses de l'imprimerie SEPEC